Pe. JOSÉ ULYSSES DA SILVA, C.Ss.R.
(Organizador)

A MARIOLOGIA DO PAPA FRANCISCO

XVI CONGRESSO MARIOLÓGICO

AVE MARIA ACADEMIA MARIAL APARECIDA

EDITORA SANTUÁRIO

Dados Internacionais de Catalogação na Publicação (CIP) de acordo com ISBD

M341 A mariologia do Papa Francisco: XVI Congresso Mariológico / organizado por José Ulysses da Silva. - Aparecida: Editora Santuário, 2024.
208 p.; 14cm x 21cm.

ISBN: 978-65-5527-415-8

1. Religião. 2. Cristianismo. 3. Mariologia. 4. Papa Francisco. 5. Igreja. I. Título.

2024-863 CDD 240
CDU 24

Elaborado por Vagner Rodolfo da Silva - CRB-8/9410

Índice para catálogo sistemático:
1. Religião: Cristianismo 240
2. Religião: Cristianismo 24

1ª impressão

Rua Pe. Claro Monteiro, 342 – 12570-045 – Aparecida-SP
Tel.: 12 3104-2000 – Televendas: 0800 0 16 00 04
www.editorasantuario.com.br
vendas@editorasantuario.com.br

SUMÁRIO

O Papa Francisco tem sido o grande profeta para nossa geração, com seu coração está voltado para o povo, principalmente para aquele que sofre e é descartado socialmente. Ele contempla Maria sempre no meio do povo, como Mãe que gera e cuida de seus filhos e filhas com ternura e compaixão. É a partir da piedade popular, vista como uma autêntica espiritualidade, que o Papa partilha conosco uma Mariologia Cristocêntrica, eclesial, e essencialmente missionária. Por isso a Academia Marial de Aparecida ofereceu aos participantes do XVI Congresso Mariológico a riqueza da Espiritualidade mariana, que ecoa fortemente no coração do Papa Francisco e que ele nos devolve convocando-nos para sermos uma Igreja sinodal, em saída missionária, que segue os passos daquela que é para nós Mãe, Irmã, Companheira e Modelo perfeito de Discípula-Missionária. "A Mariologia do Papa Francisco" foi o tema deste Congresso, que nos ajudou a renovar nossa comunhão de Igreja ao redor de Maria, a estrela da Evangelização.

Pe. José Ulysses da Silva, C.Ss.R.
Organizador

APRESENTAÇÃO

A Academia Marial de Aparecida tem a alegria de oferecer, nesta publicação da Editora Santuário, as profundas e belas conferências que foram pronunciadas no XVI Congresso Mariológico, com o oportuno tema: A Mariologia do Papa Francisco.

Pe. Dr. Alexandre Awi Mello, Superior-geral do Instituto de Schoenstatt, abriu o congresso com a conferência: "A Mariologia no pensamento de Jorge Maria Bergoglio". A partir de sua tese de doutorado, mas também de sua relação de amizade com o Papa Francisco, ele penetra nas motivações mariológicas do amor do Papa a Nossa Senhora. Descobre que se trata de uma mariologia aplicada, ou seja, uma teologia sapiencial, que integra teologia, espiritualidade e piedade popular. Para o Papa, Maria é primeira e inteiramente Mãe de todos nós, Mãe da Igreja, Mãe do povo missionário, mas com uma relação especial com o povo simples e com os pobres. A piedade popular era para o Papa o lugar teológico de suas reflexões e devoções marianas. Enfim, Maria é a mais perfeita Discípula-Missionária, a tal ponto que serve de modelo para uma Igreja-Mãe, uma Igreja-Povo de Deus e uma Igreja-Missionária. Enfim, a Piedade popular mariana é o lugar privilegiado para que possamos compreender Maria-Igreja, Mãe do povo missionário. As consequências pastorais que brotam dessa Mariologia de Francisco incidem diretamente na ação evangelizadora da Igreja, evocando alguns valores fundamentais da evangelização como a inculturação, a dimensão social da piedade mariana, a opção pelos pobres, a mística popular e a afetividade espiritual, o protagonismo laical na Igreja, e principalmente o lugar de direito das mulheres.

Na segunda conferência, Frei Jonas Nogueira da Costa, OFM, doutor em Teologia Sistemática, brindou-nos com o tema: "Uma implícita mariologia na Fratelli tutti". Frei Jonas lembra o forte influxo de São Francisco de Assis na inspiração do Papa Francisco. Ele se refere à espiritualidade mariana, na esperança de que ela possa "dar à luz" um mundo novo. Em um contexto mundial em que se evoca Deus para declarar guerras e alimentar o ódio, a Encíclica sublinha "o primado da paternidade divina como condição para o diálogo", porque Deus nos criou a todos como seus filhos e filhas, irmãos e irmãs entre nós; "a espiritualidade do encontro", que exige que nós nos façamos próximos do outro, a exemplo do bom Samaritano; "o diálogo religioso", em vista de uma política eficaz e de uma economia solidária. O empenho pela fraternidade e pela paz nos fará superar os individualismos e acabar com o crime da fome em todo o mundo. Na segunda parte, Frei Jonas analisa a figura de Maria na Encíclica Fratelli tutti. Sua maternidade deve inspirar a maternidade da Igreja e a maternidade universal: "Ela quer dar à luz um mundo novo". Ela é o grande farol de nossa esperança, ela é o estímulo e exemplo de uma Igreja em saída, de portas abertas, que serve, sai de casa, sai dos templos e das sacristias..., para abater muros, construir pontes e semear reconciliação. Essa é a Igreja que pode contar sempre com uma Mãe, companheira de caminhada, e nos levar ao "desafio de um diálogo religioso, em relação a Maria... como uma das mais urgentes tarefas ser uma mariologia ecumênica" e interreligiosa.

A terceira conferência foi apresentada pelo Professor de Teologia, mestre e doutorando com especialização em Mariologia, Vinícius da Silva Paiva. Ele refletiu sobre o tema: "A Igreja 'em saída' à luz do Magnificat: a pastoral da Igreja que emerge do Magnificat". Ele começa comparando a Igreja à árvore amazônica Angelim-vermelho, cheia de vitalidade e de longevidade, tão gigantesca que conseguimos apenas tocar em seu tronco. Assim é nossa Igreja do século 21, "que se enraíza na terra e cresce para o céu, que a todos oferece abrigo e sustento, sempre à luz de Cristo". Seremos sempre pequenos diante dela, e diante de tantos que nos precederam. O canto da Igreja "em saída" é o Magnificat de Maria, canto dos pobres, dos humilhados e dos enfermos, cheios da esperança de salvação, que, como Maria, confiam na misericórdia de Deus, que irá abater os poderosos e saciar os famintos... Ao sentir Deus dentro de si, Maria volta-se para o mundo a seu redor, e profetiza a libertação que Deus irá realizar. A partir dessa piedade mariana, o Papa Francisco estimula "a missão da Igreja 'em saída'" e evoca o ícone da visitação de Maria a sua prima Isabel. Ela acreditou na mensagem do anjo, encheu-se do Espírito Santo e partiu para ajudar sua prima. Assim como Maria, a Igreja tem de tomar a iniciativa de sair apressadamente ao encontro de quem necessita e de permanecer a seu serviço, como Maria permaneceu com Isabel. A pastoral da Igreja que emerge do Magnificat precisa ser continuidade do jeito de ser, crer e atuar de Maria, no acolher, no cuidar com ternura e acompanhar com afeto materno cada um daqueles que lhe foram confiados. Uma pastoral, jamais polarizada ou dualista, mas como um poliedro, que acolhe e reúne o melhor de cada um e é capaz de gerar um transbordamento. Finalmente, a Igreja do Magnificat é uma igreja de portas abertas, que não tem medo de louvar e profetizar a chegada do Reino e a vitória do Ressuscitado. O nosso Magnificat, nós não cantamos para Maria, cantamos com ela! Do canto à missão: com ela saímos apressadamente para visitar, permanecer, celebrar, criar vínculos e fazer comunhão.

A Professora e Presidente da ABM (Associação Brasileira de Mariologia), Lúcia Pedrosa partilhou com os Congressistas sobre "A dimensão social de uma Mariologia atual. Contribuição do Papa Francisco". Sua reflexão aborda a relação entre a devoção a Maria e a vida concreta dos cristãos e cristãs na sociedade, seguindo os ensinamentos do Papa Francisco. A partir de quatro histórias fictícias de pessoas que têm uma devoção mariana muito desvinculada da realidade social, na família, na política, na pobreza ou na ecologia, ela faz uma análise e mostra que Maria tem uma dimensão social que muitas vezes é esquecida ou ignorada pela Mariologia tradicional, mas que precisa ser resgatada a partir da Bíblia, da história e da teologia. Maria e o social têm uma relação que tem muito a ser descoberta. Em Puebla, a mariologia latino-americana conecta Maria com a opção preferencial pelos pobres. Mas, é o Papa Francisco que hoje aprofunda a reflexão mariológica, fundamentado na teologia do povo. Seus documentos e suas homilias, para uma Mariologia integrada e dinâmica, valorizam Maria como aliada da Igreja em saída e de uma sociedade de irmãos e irmãs. Sua crítica social abrange uma visão mais profunda das estruturas internacionais, desde a política, a economia e a cultura social, principalmente dos países ricos. Uma imagem não cristã de Maria precisa ser corrigida por uma aproximação maior dela com os Evangelhos e com a piedade do nosso povo mais sofrido. Há um jeito de ser Maria, que indica o jeito de ser cristão e ser Igreja. Ao mesmo tempo, ela chegou à glória, no sentido de realização plena e cheia da luz da escatologia de todo o universo em Deus. Por isso, há uma "articulação entre a vida de Maria, a vida do fiel, a sociedade, a Igreja, a vida na terra". Enfim, podemos concluir que "a mariologia possui a tarefa de contribuir para a integração da devoção mariana no caminhar cristão que possui inequívoca dimensão social". Maria não se limita a estar sobre um andor, porque ela caminha conosco e se solidariza com a existência concreta de cada pessoa, de cada sociedade e de cada país.

Na quinta conferência, nosso conhecido Ir. Afonso Murad, religioso marista, discorreu sobre "Maria e a Ecologia. Uma visão a partir da Laudato Si". Essa é um Encíclica do Papa Francisco que apresenta uma visão nova e de enorme importância: o cuidado por um mundo sustentável faz parte essencial da fé cristã. Duas expressões devem penetrar em nossas mentes e em nossos corações: a terra é nossa irmã e nossa mãe, é a nossa Casa comum, pela qual todos devemos ter cuidado. O cuidado é uma atitude constante, afetiva e efetiva, não só de preservação e de regeneração, mas também de não exploração gananciosa. Trata-se de uma verdadeira "conversão ecológica", pessoal, comunitária, institucional. Afinal, antes de sermos cuidadores da terra, é ela que cuida de nós e de todos os outros seres. Nossa Senhora cuidou como mãe de seu filho Jesus, agora cuida de nosso mundo ferido, onde moram todos os seus filhos e filhas. Eis a razão da indignação diante do caos atual em relação ao nosso planeta, cada vez mais ferido pelo descuido e pela exploração criminosa. Maria foi e é a mulher que cuida, desde sua casa até a casa de Isabel, a casa da comunidade e de toda a nossa Casa comum, quando vê que o descuido está multiplicando as feridas de seus filhos e filhas. Hoje, quanta dor e quanta carência de vida Maria contempla, ao ver o descuido com a natureza ser a causa de tanta injustiça e de tanto sofrimento humano. Maria é a "mãe de misericórdia" e "entre os pobres mais abandonados e maltratados, conta-se a nossa terra oprimida e devastada, que 'geme e sofre as dores do parto' (Rm 8,22) (LS2). Porque cuida de nós, humanos, o olhar de Maria se volta também para nossa Casa Comum. Precisamos voltar a ser contempladores da beleza de nossa Casa comum e de todos o cosmos. Tudo está em processo de criação até que surjam "o novo céu e a nova terra", onde Maria, em sua glória, já antecede toda a criação. Dela nos vem a sabedoria de viver e de conviver bem com todas as criaturas, que aprendemos a contemplar em silêncio para tratar com amor.

Por último, apresentamos o rico trabalho de Gerson Lourenço Pereira, metodista e doutor em Teologia, sobre a importância do diálogo como ferramenta pedagógica e para a construção da paz. O desafio da unidade na diversidade que se apresenta como uma condição inescapável para o ser humano, especialmente na mariologia ecumênica. O autor nos traz aqui uma profunda análise da devoção popular do ponto de vista das ciências da religião, dividida em duas partes. Na primeira descreve a busca de um consenso ecumênico por meio das Sagradas escrituras e as dificuldades do diálogo inter-religioso, e ainda as concepções mariológicas de alguns reformadores de tradição protestante. Na segunda parte, com uma análise da piedade popular, do sincretismo religioso e na experiência religiosa na perspectiva pluralista, Gerson nos mostra a importância de reconhecer e valorizar a diversidade religiosa e espiritual do mundo, promovendo o diálogo, o respeito mútuo e a busca pela unidade na diversidade. Na Evangelii Gaudium, Papa Francisco exemplificou esse desafio na forma geométrica do poliedro, com suas formas iguais e equidistantes, assim como na ação pastoral e política, o diálogo ecumênico deve buscar reunir o melhor de cada tradição.

Tenho certeza de que essa publicação fará os participantes do XVI Congresso Mariológico reviverem as palavras e as ideias que saborearam ao longo dos dias desse tão importante evento. E aqueles que não puderam participar, terão a oportunidade de apreciar as reflexões que aprofundam nossa Mariologia e enchem nosso coração de uma admiração e um amor ainda mais forte pela Mãe de Jesus e nossa Mãe tão querida.

I

A MARIOLOGIA NO PENSAMENTO DE JORGE MARIO BERGOGLIO

Maria-Igreja: Mãe do povo missionário
Papa Francisco e a piedade popular mariana no contexto teológico-pastoral latino-americano

Pe. Dr. Alexandre Awi Mello, ISch[1]

1. Introdução

Em muitas ocasiões, vemos o Papa Francisco **tocar ou beijar uma imagem de Nossa Senhora**, rezar silenciosamente diante dela ou abraçá-la. A ternura desses gestos revela algo muito mais profundo: o **amor sincero e filial** de Jorge Mario Bergoglio por Maria, a Mãe de Jesus e nossa Mãe. Eu também, como professor de Mariologia, membro do Movimento Apostólico de Schoenstatt, com um caráter mariano muito marcado, senti-me interpelado por essa característica do Papa, que foi também uma marca de quase todos os pontífices do século passado, principalmente de São João Paulo II, cujo lema ***Totus tuus*** ("Todo teu") se referia precisamente à Mãe de Deus, e que foi caracterizado

---

[1] Superior geral dos Padres de Schoenstatt. Doutor em mariologia pela International Marian Research Institute da Universidade de Dayton, nos Estados Unidos. Mestre em Teologia pela Philosophisch-Theologische Hochschule Vallendar. Membro do Conselho da Pontifícia Academia Mariana Internacional (PAMI). Membro do Conselho da Associação Brasileira de Mariologia. Assessor teológico da Academia Marial de Aparecida.

como o *Doctor Marianus* de nosso tempo[2]. Não acredito que o Papa Francisco será caracterizado dessa forma, mas desde os primeiros dias de seu pontificado, seu amor filial por Maria atraiu a atenção de muitos. Em seu **primeiro ato como pontífice**, no dia seguinte à sua eleição e à sua aparição na varanda central da Basílica de São Pedro, Francisco decidiu fazer uma peregrinação à basílica de Santa Maria Maior, local do primeiro templo cristão dedicado a Nossa Senhora no Ocidente, para confiar seu pontificado a Maria. Antes de se tornar Papa, esse era um dos poucos lugares que ele conhecia e visitava com frequência quando ia a Roma. E ainda o faz atualmente, antes e depois de cada viagem internacional. De fato, ao regressar de sua viagem à Mongólia, em 4 de setembro de 2023, realizou sua 112ª peregrinação como Pontífice a este santuário para venerar Nossa Senhora *Salus Populi Romani*.

Conheci Bergoglio **em Aparecida**, em maio de 2007, quando ele ainda era Cardeal. Tive a graça de trabalhar com ele, ombro a ombro, na comissão de redação do documento final da V Conferência Geral do Episcopado Latino-Americano e do Caribe (CELAM). Ele era o presidente e eu era um dos dois secretários da comissão. Voltei de Aparecida profundamente marcado pelo encontro com a extraordinária personalidade do Arcebispo de Buenos Aires, um homem de Deus, cujo amor por Nossa Senhora me impressionou muito. No entanto, jamais imaginaria que ele viria a ser Bispo de Roma, nem muito menos que um dia eu escreveria um livro-entrevista sobre seus encontros com Maria[3] e que terminaria por dedicar minha tese de doutorado em mariologia a entender esta profunda relação entre Bergoglio e a piedade popular

---

[2] Salvatore Perrella, *Giovanni Paolo II: Doctor Marianus del nostro tempo* in *Antonianum* 2 (2010): 189-220.

[3] Alexandre Awi Mello, *"Ela é minha Mãe!": Encontros do Papa Francisco com Maria.* 3ª ed. São Paulo: Loyola, 2014. 257p.

mariana[4]. Apresento, então, em seguida, um breve resumo das principais conclusões deste estudo.

2. Uma mariologia aplicada

Antes de minha primeira entrevista com o Papa para falar sobre seu relacionamento com Nossa Senhora, eu havia revisado meus conhecimentos mariológicos e preparado bem minhas perguntas, na esperança de receber algumas **lições de teologia mariana**. Minha intenção inicial era escrever um **texto teológico**. Eu tinha medo de cair em reflexões meramente espirituais ou, pior ainda, puramente "devocionais". Hoje, reconheço que este temor é uma mania de teólogos medíocres. De fato, durante a entrevista e a subsequente elaboração do material, descobri o **valor da teologia sapiencial** do Papa Francisco, que une **teologia e espiritualidade** com grande espontaneidade, cujo "divórcio" – com razão – tem sido denunciado muitas vezes por teólogos e místicos modernos.

Bergoglio sabe como uni-las. É precisamente por essa razão que ele aprecia tanto o que o Documento de Aparecida (DAp)[5] chama de "**espiritualidade popular**" (DAp 263), como o caminho original pelo qual Deus conduz o seu povo; uma espiritualidade que não deve ser apenas tolerada, mas que deve ser levada em conta em todo o seu valor salvífico como um verdadeiro "**lugar teológico**" e expressão cultural e sapiencial de um povo. É uma questão, como indica o documento que o próprio Bergoglio ajudou a redigir, de "uma espiritualidade encarnada na cultura dos simples, que nem por isso é menos espiritual, mas que o é de outra maneira" (DAp 263).

---

[4] Alexandre Awi Mello. *Maria-Iglesia: Madre del Pueblo Misionero. El Papa Francisco y la piedad popular mariana a partir del contexto teológico-pastoral latinoamericano*. Buenos Aires: Ágape, 2019. 894p.

[5] CELAM, *Documento conclusivo da V Conferência Geral do Episcopado Latino-Americano e Caribenho*, San Pablo, Bogotá 2007.

Na verdade, a reflexão teológica sobre Maria só é importante para Bergoglio se estiver profundamente enraizada na vida da Igreja, no povo de coração simples ou, como ensina o Concílio Vaticano II, na totalidade dos fiéis, que possuem aquele "**sentido sobrenatural**" que os leva a um consenso universal e a não se enganarem em questões de fé e costumes (cf. LG 12). Como membro desse povo de Deus, Bergoglio participa do *sensus fidelium* (senso de fé dos fiéis) e se identifica com a fé mariana do povo cristão.

Francisco reconhece que a fé do povo de Deus é uma fé simples, que talvez não tenha muita teologia, mas que traz em si uma **teologia que não pode se equivocar**, porque o Espírito está nela. Por isso afirma na exortação *Evangelii Gaudium*: "Em todos os batizados, desde o primeiro ao último, atua a força santificadora do Espírito que impele a evangelizar. O povo de Deus é santo em virtude desta unção, que o torna *infalível 'in credendo'*, ou seja, ao crer, não pode enganar-se, ainda que não encontre palavras para explicar sua fé. O Espírito guia-o na verdade e condu-lo à salvação" (EG 119). Francisco faz referência indireta ao n. 12 da *Lumen Gentium*, que reconhece que o povo santo de Deus, isto é, "a totalidade dos fiéis que receberam a unção do Santo, não pode enganar-se na fé". Durante nossa entrevista, para explicar melhor essa formulação teológica da *Lumen Gentium*, Francisco acrescentou: "Se você quiser **saber quem *é* Maria**, pergunte ao teólogo e ele lhe dirá exatamente quem *é* Maria. Se quiser, porém, saber **como amar Maria**, o povo de Deus lhe ensinará melhor".[6]

Com alegria constatamos que, após o Concílio Vaticano II, a teologia tem procurado ter mais presente as "razões do coração", que são mais perceptíveis na

[6] Francisco repete a mesma afirmação em outra entrevista: "É como com Maria: se se quiser saber quem é, pergunta-se aos teólogos; se se quiser saber como amá-la, é necessário perguntá-lo ao povo" (Antonio Spadaro, "Entrevista com o Papa Francisco", em *La Civiltà Cattolica 2013* III, 3918 (19 de setembro de 2013), p. 459.

"espiritualidade popular", à qual Bergoglio adere plenamente. Assim, "a experiência cristã recupera um lugar central na reflexão teológica, no novo paradigma. A teologia vai se tornando, novamente, sabedoria".[7]

A espiritualidade do Papa Francisco "não é feita de 'energias harmonizadas', como ele as chamaria, mas de **rostos humanos**: Cristo, São Francisco, São José, Maria"[8]. Eu acrescentaria que sua espiritualidade é feita de **encontros pessoais** e que o encontro com Nossa Senhora é uma parte essencial de sua jornada espiritual. Em seu "sentir com a Igreja", com o povo cristão, Bergoglio também vive sua fé mariana e percebe que há algo inequívoco nela. Seus encontros com Nossa Senhora são muito semelhantes aos dos fiéis. Eles não são uma teoria, mas uma **experiência de vida**. Portanto, de suas declarações marianas não devemos esperar, em primeiro lugar, afirmações mariológicas ou princípios teológicos, apesar de que certamente estes estão presentes como pano de fundo, como fundamento. Em minha opinião, portanto, sua mariologia poderia ser descrita como uma ***mariologia aplicada***. Sim: aplicada à vida e à experiência de fé do povo, uma autêntica espiritualidade mariana popular com fundamentos teológicos.

Em minha tese de doutorado decidi estudar mais profundamente essa mariologia aplicada do Papa Francisco: as raízes de seu pensamento, os autores que o inspiraram, as ideias-chave de sua visão mariana e as consequências concretas para seu projeto eclesial. Descobri muita coisa e o texto da dissertação ficou extenso. Contudo, partilho aqui, sobretudo, algumas das conclusões que considero mais interessantes do ponto de vista dogmático-teológico, juntamente com algumas observações históricas e pastorais que emergiram do estudo e do testemunho direto do Santo Padre.

---

[7] Antonio García Rubio, *Prática da teologia em novos paradigmas: adequação aos tempos atuais*, em M. Fabri Dos Anjos (ed.), *Teologia aberta ao futuro*, Soter/Loyola, São Paulo 1997, p. 240.

[8] Antonio Spadaro, "Entrevista com o Papa Francisco", em *La Civiltà Cattolica 2013* III, 3918 (19 de setembro de 2013), p. 449.

3. Um método para estudar a mariologia de Francisco

O objetivo da dissertação era mostrar como Jorge Bergoglio viveu e aprendeu a valorizar a piedade mariana popular (e a mariologia em geral) por meio de suas **raízes familiares**; do **contexto teológico-pastoral latino-americano** e de seu **contato com o povo fiel de Deus**; e como, a partir de sua missão como Bispo de Roma, essa experiência se tornou uma **contribuição** efetiva para a **Igreja universal** e para a realização de **sua visão de Igreja.** Em outras palavras, pode-se dizer que o estudo da mariologia de Francisco visa a discernir o "perfume mariano" que emana desse Papa que se deixou impregnar pelo "cheiro de suas ovelhas", tão tocadas pela presença de Maria em suas vidas e em sua piedade pessoal. Significa também identificar até que ponto este perfume mariano pode e deve permear a vida da Igreja universal, ou seja, quais são as consequências teológico-pastorais desse perfume mariano para a vida do rebanho católico universal.

É importante esclarecer que estudar o pensamento desse Papa é um trabalho teológico-pastoral e não apenas biográfico. No entanto, **sua biografia é fundamental** porque o que é certo para cada um de nós é ainda mais verdadeiro na vida do Papa Francisco: sua **teologia influencia sua vida, e suas experiências de vida influenciam sua teologia**.

Portanto, na apresentação da relação de Bergoglio com Nossa Senhora, refiro-me às suas **experiências** marianas e aos seus **discursos** sobre Maria, uma opção metodológica inspirada no número 2 da *Dei Verbum*: a "economia da revelação realiza-se por meio de *ações* e *palavras* intimamente relacionadas entre si". Além disso, como já foi mencionado, Francisco defende a necessidade de observar e considerar sempre em conjunto a palavra, a vida, a teologia, a espiritualidade e a pastoral. Essa também é uma característica da teologia latino-americana e, em particular, da teologia argentina.

A pesquisa transita entre **três áreas teológicas**: histórica, sistemática e pastoral. Para facilitar a apresentação, é importante esclarecer o desenvolvimento da linha de pensamento, ou seja, o esboço básico da dissertação. Após o capítulo introdutório (Capítulo 0), o estudo consiste em mais nove capítulos, divididos em três partes:

a) A **primeira parte** descreve o ambiente **teológico-pastoral** no qual se desenvolveu a atividade de Bergoglio com relação ao tema em estudo: a piedade popular mariana no contexto teológico-pastoral da América Latina (capítulo 1) e da Argentina (capítulo 2).
b) A **segunda parte** recolhe devidamente **as experiências e os discursos de Jorge Mario Bergoglio** sobre a piedade popular mariana, desde sua infância até o seu atual ministério petrino. Esta parte, como já dito, segue um esquema inspirado no número 2 da *Dei Verbum* e dedica dois capítulos às suas experiências marianas e populares (capítulos 4 e 5) e dois capítulos aos seus discursos sobre Maria e a piedade popular (capítulos 6 e 7).
c) Finalmente, a **terceira parte** procura confrontar todos os dados coletados anteriormente, classificando-os segundo as três **áreas teológicas principais,** contribuindo para a compreensão das **influências históricas** (capítulo 8), do **pensamento mariológico-sistemático** (capítulo 9) e da **práxis pastoral** (capítulo 10) do Papa Francisco relativos a Maria e à piedade popular mariana. Esses três capítulos finais são propriamente **as conclusões da pesquisa** (históricas, sistemáticas e pastorais).

Não é possível, no breve espaço deste artigo, desenvolver todas as três áreas de conclusões. Portanto, destacam-se aqui principalmente as **conclusões teológico-sistemáticas** (ver abaixo ponto 4: Maria-Igreja). Porém, em seguida, encontram-se também "outras conclusões" (ponto 5), que são breves conclusões **históricas** e **pastorais** da pesquisa, desenvolvidas de forma resumida.

4. Maria-Igreja: Mãe do Povo Missionário

As experiências e os discursos de Bergoglio relativos à piedade popular mariana são fundamentalmente **influenciados por sua visão de Igreja** e, é claro, por **sua visão de Maria**. Além disso, cheguei à convicção de que, no que diz respeito à mariologia, a perspectiva teológica subjacente, o "**esquema mental**" a partir do qual Francisco pensa e age é o **da íntima unidade entre Maria e a Igreja**. De fato, um dos resultados mais importantes da pesquisa, a meu ver, é ter identificado esse "esquema mental mariológico" ou "princípio teológico central" que emerge sempre que Bergoglio pensa e fala sobre Maria.

Ao mesmo tempo, foi possível identificar vários **autores que contribuíram para dar forma a essa visão** teológico-sistemática do Papa. Em linha de continuidade com uma longa tradição **patrística** – segundo a qual o ponto de partida é sempre a relação fundamental de Maria com Cristo na obra da redenção – esses autores redescobriram a importância de sempre olhar para Maria em íntima unidade com a Igreja e, vice-versa, de compreender melhor o plano de Deus, tanto em relação a Maria quanto em relação à Igreja. Os autores que mais influenciaram Bergoglio na adoção dessa **perspectiva mariológica "eclesiotípica"** foram **De Lubac** (em seu livro *Meditação sobre a Igreja*), **Isaac de Stella** (em seu sermão sobre a relação entre Maria, a Igreja e a alma humana), **João Paulo**

II (em *Redemptoris Mater*) e **Urs von Balthasar** (com suas reflexões sobre o princípio mariano da Igreja).

Não é possível explicar aqui o pensamento de cada um desses autores e a maneira pela qual eles influenciaram o pensamento mariológico do papa.[9] Gostaria apenas de indicar alguns **conceitos teológicos** que, em minha opinião, são os principais para entender a visão do Papa Francisco, tanto em relação a Maria quanto à Igreja.

Em relação à **mariologia**, podemos destacar três conceitos teológicos fundamentais de sua visão mariana, que são essenciais para entender seu pensamento e sua prática em relação a Maria e à piedade popular mariana. Em primeiro lugar, **Maria é Mãe**; em segundo lugar, Maria **tem uma relação especial com o povo e com os pobres**, o que se expressa especialmente na piedade popular mariana; e, em terceiro lugar, **Maria é discípula missionária** de Jesus, mãe e modelo na nova evangelização à qual Francisco exorta a todos. Seria muito longo entrar em detalhes sobre cada um desses conceitos, mas cito aqui alguns textos que, em certo sentido, são paradigmáticos para cada um deles.

a) **Maria é mãe:** No final de nossa primeira entrevista, ao definir brevemente sua relação com Maria, o Papa disse, de forma muito terna e simples: "Ela é minha mãe. E provavelmente seja a única pessoa com quem me atrevo a chorar.... Ela sabe disso. Sinto que com ela posso chorar..."[10]. Ou, em uma Mensagem ao Movimento de Schoenstatt, ele afirmou categoricamente: "Maria é Mãe. Primeiro (e

[9] Cf. Alexandre Awi Mello, *Maria-Iglesia: Madre del Pueblo Misionero. El Papa Francisco y la piedad popular mariana a partir del contexto teológico-pastoral latinoamericano*. Ágape Libros, Buenos Aires 2019, p. 691-736.

[10] Alexandre Awi Mello, *"Ela é minha Mãe!": Encontros do Papa Francisco com Maria*. 3ª ed. São Paulo: Loyola, 2014, p. 239.

acima de tudo). Não se pode conceber nenhum outro título de Maria que não seja 'a Mãe'".[11]

b) **Maria no povo**: Como exemplo, podemos usar a declaração clássica que ele repetiu várias vezes desde 1974 e que já foi mencionada: "O Magistério vos ensinará quem é Maria, mas nosso *povo fiel* vos mostrará como se ama Maria"[12]. Maria, por sua vez, amou Jesus com o coração do povo, como lemos no Magnificat. Em EG, Francisco confirma que "com o Espírito Santo, sempre está Maria no meio do povo" (EG 284), pois Maria é o dom de Jesus ao seu povo (EG 285-286).

c) **Maria discípula-missionária**: "Como uma boa mãe que guarda os seus filhos, Maria nos ensina, com sua existência, o que significa ser discípulo missionário"[13], disse durante a Jornada Mundial da Juventude no Rio de Janeiro. E reiterou muitas vezes o que formulou com seus irmãos bispos em Aparecida: "Fixamos o olhar em Maria e reconhecemos nela a imagem perfeita da discípula missionária" (DAp 364).

No que diz respeito à **eclesiologia**, também são três os aspectos fundamentais que podem ser destacados, três definições de Igreja que o Papa Francisco considera essenciais para entender seu pensamento e sua prática

[11] Francisco, *Palavras do Papa: Familia, Pedagogia e Juventude (25 de outubro de 2014),* em Schoenstatt.org.br, 21 de agosto de 2016. Acessado em 4 de novembro de 2023: https://schoenstatt.org.br/2016/08/21/palavras-do-papa-familia-pedagogia-e-juventude/

[12] Jorge Mario Bergoglio, "Una Institución que vive de su carisma: Apertura de la Congregación Provincial XIV", 18 de fevereiro de 1974, em *Meditaciones para religiosos*, ed. Bergoglio, 43-49. Publicado pela primeira vez: Jorge Mario Bergoglio, "Una Institución que vive su carisma", em *Boletín de Espiritualidad* 55 (abril de 1978): p. 27-50.

[13] Francisco, "Ángelus en Copacabana", La Santa Sede, 28 de julho de 2013. Acessado em 4 de novembro de 2023, https://www.vatican.va/content/francesco/pt/angelus/2013/documents/papa-francesco_angelus_20130728_gmg-rio.html

mariológica: a **Igreja como Mãe**, a **Igreja como Povo de Deus** e a **Igreja missionária**. Novamente, seria muito longo entrar em detalhes sobre cada uma dessas definições, mas me limito aqui a citar alguns textos que, de alguma forma, são paradigmáticos para cada uma delas.

a) **A Igreja como Mãe**: "Sonho com uma Igreja Mãe e Pastora"[14], disse o Papa a seu colega jesuíta Antonio Spadaro. Numa das entrevistas me disse: "Às vezes, quando falo de um hospital de campanha, a imagem que mais me vem à mente é a da orfandade. Os soldados, os rapazes morrem dizendo 'mamãe, mamãe'... Eles chamam a mãe deles, certo? Então é a Igreja Mãe que vai a esse orfanato num hospital de campanha"[15].
b) **A Igreja como Povo de Deus**: Na década de 1970, "pouco a pouco comecei a falar do povo santo de Deus ou do povo fiel de Deus, e a expressão que mais me satisfaz é 'povo santo e fiel de Deus'"[16], disse o Cardeal Bergoglio em sua última entrevista de rádio antes de ser eleito Papa. A Igreja como Povo de Deus (EG 111-134) é "o ponto central da compreensão que o Papa tem da Igreja"[17], diz

---

[14] Antonio Spadaro, "Entrevista com o Papa Francisco", em *La Civiltà Cattolica 2013* III, 3918 (19 de setembro *de 2013*), p. 462.

[15] Francisco, entrevista a Alexandre Awi Mello, em 6 de setembro de 2015, na Casa Santa Marta (Vaticano), não publicada. Também na entrevista a Spadaro. "Vejo claramente – continua ele – que o que a Igreja mais necessita hoje é a capacidade de curar as feridas e de aquecer o coração dos fiéis, a proximidade. Vejo a Igreja como um hospital de campanha depois de uma batalha. Como é inútil perguntar a um homem gravemente ferido se sua glicose ou seu colesterol estão altos! Deve-se curar as feridas. De todo o resto se fala só mais tarde. Curar feridas, curar feridas... Deve-se começar pelo mais elementar." (Antonio Spadaro, "Entrevista com o Papa Francisco", em *La Civiltà Cattolica 2013* III, 3918, 19 de setembro *de 2013*, p. 461-462).

[16] "Basta de Bergoglio: La última entrevista de Francisco antes de convertirse en Papa", em Taringa, 17 de março de 2013. Acessado em 5 de outubro de 2020, http://www.taringa.net/posts/noticias/16508429/Basta-de-Bergoglio-entrevista.html.

[17] Walter Kasper, *Papst Franziskus – Revolution der Zärtlichkeit und der Liebe: theologische Wurzeln und pastorale Perspektiven,* KBW, Stuttgart 2015, p. 53.

Walter Kasper em relação ao conceito de "Teologia do Povo" na Argentina.

c) **Uma Igreja missionária**: "Evangelizar, neste tempo de grandes transformações sociais, exige uma Igreja missionária inteiramente em saída"[18]. Esse tem sido praticamente um refrão repetido de diferentes maneiras desde o início do pontificado do Papa Francisco: uma Igreja "em saída" (EG 20-24), em "conversão missionária" e em "permanentemente em estado de missão" (EG 25). "Aqui nasceu a Igreja, e nasceu *em saída*"[19] , disse o Papa em Jerusalém na homilia da missa celebrada no Sala do *Cenáculo*.

Ao comparar esses conceitos teológicos fundamentais, tentei formular uma **síntese** que expressasse **a posição teológico-sistemática do Papa Francisco** sobre Maria e a piedade popular mariana. Isso foi feito em duas etapas. A primeira foi descrever **a unidade entre Maria e a Igreja** como o Papa Francisco a entende, ou seja, de acordo com as linhas de De Lubac e Isaac de Stella, e depois considerar a **relação Maria-Igreja como uma "unidade em tensão bipolar"** com propriedades que podem ser atribuídas tanto a Maria quanto à Igreja de forma intercambiável. O segundo passo foi chegar à formulação "**Mãe do povo missionário**", que, em minha opinião, resume perfeitamente a visão do Papa sobre Maria e sobre a Igreja. Ela pode ser aplicada a ambas indistintamente, condensando assim o fundamento teológico-sistemático

---

[18] Francisco, *Discurso aos participantes do encontro dos diretores nacionais das Pontifícias Obras Missionárias*, 9 de maio de 2014. Acessado em 5 de novembro de 2023: https://www.vatican.va/content/francesco/pt/speeches/2014/may/documents/papa-francesco_20140509_pontificie-opere-missionarie.html

[19] Francisco, *Homilia na Santa Missa com os Ordinários da Terra Santa*, Cenáculo (Jerusalém), 26 de maio de 2014. Acessado em 5 de novembro de 2023: https://www.vatican.va/content/francesco/pt/homilies/2014/documents/papa-francesco_20140526_terra-santa-omelia-jerusalem.html

do pensamento e da prática do Papa Francisco com relação a Maria e à piedade popular mariana.[20]

Reconheço que o Papa Francisco certamente não estaria interessado em dar mais "títulos" ou criar novas "**invocações**" para a Virgem Maria. Tampouco é essa a minha intenção. Acredito, entretanto, que Maria-Igreja pode receber este "título" ou formulação que expressa a compreensão que o Papa Francisco tem dela, especialmente (mas não somente) em vista da piedade mariana popular: Maria-Igreja é "Mãe do Povo Missionário". Isso nos ajuda a entender o Papa, Maria, a Igreja e a piedade popular mariana.

Podemos então concluir que a piedade popular mariana é um espaço privilegiado para experimentar Maria-Igreja, ou seja, Maria e a Igreja, como um **mistério de comunhão para a missão**. A Igreja é um mistério de comunhão para a missão como Maria (mistério = maternidade; comunhão = povo; missão = missionário).

5. Outras conclusões

Além das conclusões teológico-sistemáticas, a pesquisa produziu também algumas conclusões **históricas** e **pastorais**, que passo a apresentar de forma breve e esquemática, por falta de espaço para desenvolvê-las em detalhe.

5.1. Conclusões sobre o contexto teológico-pastoral latino-americano

O estudo confirmou uma observação empírica generalizada na piedade popular latino-americana: o forte **senso da maternidade de Nossa Senhora** como uma de suas principais características. Seja da perspectiva dos

[20] Para o desenvolvimento desta reflexão: cf. Alexandre Awi Mello, *Maria-Iglesia: Madre del Pueblo Misionero. El Papa Francisco y la piedad popular mariana a partir del contexto teológico-pastoral latinoamericano*. Ágape Libros, Buenos Aires 2019, p. 776-782.

colonizadores (Maria como "a Conquistadora") ou dos povos indígenas (Maria como "a Libertadora"), Nossa Senhora é **sempre Mãe**, especialmente "*nossa* Mãe", a Mãe do povo. Na América Latina – e talvez também em outras partes do mundo – "Maria Mãe" é a matriz, o "eixo" da piedade mariana popular.

Além disso, é preciso lembrar que a piedade mariana popular é uma **característica fundamental da evangelização e da inculturação** na América Latina. Seu símbolo mais eloquente é o evento de Guadalupe, "um grande exemplo de evangelização perfeitamente inculturada"[21], para usar as palavras de João Paulo II.

Entretanto, na América Latina houve uma **crise mariológica no período pós-conciliar** que produziu o "silêncio mariano" de Medellín, ou seja, o fato de que nos dezesseis documentos produzidos nessa Conferência, praticamente não aparece nenhuma menção a Nossa Senhora. A crise foi superada na Conferência de Puebla, que produziu textos muito maduros e profundos tanto sobre Maria quanto sobre a religiosidade popular, fruto da pluma de grandes teólogos "da cultura" como Joaquim Alliende e Lucio Gera. Já a **Conferência de Aparecida**, por sua vez, representa o **ponto mais alto** da reflexão dos bispos latino-americanos com relação ao renovado apreço pela piedade popular mariana, chamada de "espiritualidade" (DAp 263) e "mística" (DAp 262) popular.

A pesquisa também produziu uma significativa síntese explicativa das origens e características de uma corrente teológica pouco conhecida fora da Argentina, mas que ganhou atenção depois da eleição de Francisco, a **"Teologia do Povo"**. Vale a pena conhecer o pensamento mariano de

---

[21] João Paulo II, *Discurso na abertura dos trabalhos da Quarta Conferência Geral do Episcopado Latino-Americano*, Santo Domingo, 12 de outubro de 1992, n. 24. Acessado em 5 de novembro de 2023: https://www.vatican.va/content/john-paul-ii/pt/speeches/1992/october/documents/hf_jp-ii_spe_19921012_iv-conferencia-latinoamerica.html

Lucio Gera e Rafael Tello, dois dos principais expoentes da "Teologia do Povo" para entender melhor o pensamento do Papa.[22]

5.2. Conclusões de um ponto de vista histórico-teológico

Muitos tentaram identificar, desde o início de seu pontificado, as influências históricas e ideológicas que marcaram o pensamento do Papa Francisco. Nesse sentido, vale a pena recordar aqui que Bergoglio passou mais de setenta anos de sua vida na América Latina. Esse foi o ambiente no qual cresceu, se desenvolveu e exerceu seu ministério. É por isso que é absolutamente necessário conhecer esse ***contexto*** para entendê-lo e para identificar as influências que recebeu. Embora aqui não se possa explicar exaustivamente[23], a pesquisa conseguiu individuar – do ponto de vista histórico – pelo menos cinco influências no pensamento e na prática pastoral do Papa Francisco com relação à piedade popular mariana:

a) A influência salesiana

A práxis mariana do Papa Francisco foi mais influenciada por sua experiência salesiana, em meio à sua **família italiana** e seu forte contato com **os salesianos** do que por sua formação jesuíta. ores que Veja-se, por exemplo, a influência do padre salesiano Enrico Pozzoli sobre ele e sua família, sua vinculação com a "bênção de Maria Auxiliadora", as visitas habituais à Basílica de Almagro, as

---

22 Cf. uma das últimas teses doutorais produzidas na Pontifícia Universidade Católica Argentina (UCA): Enrique Ciro Bianchi, "La Virgen de Luján y la maiorlogía popular latinoamericana de Rafael Tello", 420p., em via de publicação.

23 Alexandre Awi Mello, *Maria-Iglesia: Madre del Pueblo Misionero. El Papa Francisco y la piedad popular mariana a partir del contexto teológico-pastoral latinoamericano*. Ágape Libros, Buenos Aires 2019, p. 585-672.

fl levava a Maria nos 24 de maio e muitas outras indicações.[24] Nesse contexto, deve-se acrescentar outra conclusão histórica importante: a piedade mariana de Bergoglio claramente cresceu com o tempo. Embora tenha falado de Maria várias vezes em seus escritos como jesuíta, em geral isso aconteceu com muito mais frequência nos seus discursos como bispo e como Papa.

b) A influência do povo santo e fiel de Deus

O estudo constatou que a **teologia de Francisco** se origina fundamentalmente de **três fontes**: o próprio **Evangelho**, seu **contato pessoal com o povo** e sua **experiência pessoal da misericórdia de Deus** em sua vida. No que diz respeito à sua teologia mariana, Francisco foi fundamentalmente marcado por seu encontro pessoal com o "santo povo fiel" de Deus, especialmente em seu ofício de pároco e pastor em contato com os mais pobres. O Cardeal Victor Fernández, atual Prefeito do Dicastério para a Doutrina da Fé e grande conhecedor do pensamento do Papa afirma: "O mais importante para compreender [a relação de Bergoglio com Maria] é reconhecer que sua apreciação de Nossa Senhora é mediada pela apreciação popular. Ou seja, não percebemos sua devoção a Nossa Senhora como um objeto direto de sua reflexão pessoal. Esta aparece quando é mediada pela piedade popular"[25]. Mas isso não é algo negativo; pelo contrário, esta constatação dá à sua devoção uma dose de "muita ternura e muita experiência de fé mais do que de reflexão dogmática"[26]. Em outras palavras, Bergoglio vê o vínculo com Nossa Senhora como algo tão intenso na vida do povo fiel,

---

[24] Cf. Alexandre Awi Mello, *"Ela é minha Mãe!": Encontros do Papa Francisco com Maria.* 3ª ed. São Paulo: Loyola, 2014, p. 29-46.

[25] Entrevista do então Arcebispo Víctor Fernández ao pesquisador, na Pontifícia Universidade Católica Argentina, 22 de dezembro de 2015, não publicada.

[26] *Idem.*

tão profundo na piedade popular, que isso, de certa forma, o "converte" mais profundamente à devoção mariana, e assim ele "revisita" sua própria piedade mariana, de caráter familiar e salesiano, dando-lhe nova vida e nova força.

O povo fiel o ensinou a rezar como rezam os argentinos: beijando imagens, "tomando graças"[27], fazendo procissões, promessas, festas e novenas, peregrinações aos santuários. Desta forma, seu amor por Maria foi sendo reforçado. Essas práticas de espiritualidade popular, disse ele na EG 126, "têm muito que nos ensinar e, para quem as sabe ler, são um *lugar teológico* a que devemos prestar atenção particularmente na hora de pensar a nova evangelização".

No entanto, é inegável que houve outras influências, correntes e reflexões que foram mais "explicitamente teológicas", como o próprio Papa aponta. Há, portanto, uma combinação de fatores, tanto vivenciais quanto teológicos, que nos permitem entender melhor o Santo Padre, mas a prioridade, no caso dele, se encontra nos fatores vivenciais, humanos e existenciais, e não tanto nos teológico-doutrinais.

c) A influência da *Evangelii Nuntiandi* e do magistério latino-americano

Certamente, o magistério latino-americano influenciou o ministério do Papa Francisco, especialmente as Conferências de **Puebla** e de **Aparecida**. Sabe-se que em Buenos Aires ele escreveu e lecionou sobre Puebla. Como presidente do comitê de redação do documento final da Conferência de Aparecida, é evidente que existe uma influência mútua entre ele e as reflexões de Aparecida, e estas continuam muito presentes ainda hoje em seu ministério petrino.

---

[27] Expressão usada para se referir ao gesto de tocar as imagens religiosas.

Além disso, o documento pontifício pós-conciliar que mais inspirou Bergoglio foi a ***Evangelii Nuntiandi*** (EN) de Paulo VI. Com relação ao assunto aqui tratado, Francisco sempre lembra que Paulo VI substituiu a palavra *religiosidade* pela expressão *piedade* popular. Mas Aparecida foi além: começou a falar de *espiritualidade e mística popular*.

A EN foi o primeiro documento pontifício que abordou explicitamente o tema da piedade popular (cf. EN 48), graças, sobretudo, à grande contribuição do cardeal argentino Eduardo Francisco Pironio, influenciado pelas reflexões de Lucio Gera e dos "teólogos do povo". A esse respeito, Francisco disse que a EN é o documento pastoral mais importante do pós-concílio, que ainda "não foi superado"[28], e que contém "o melhor que foi escrito sobre a piedade popular (...)", tendo sido "repetido no documento de Aparecida, que considero sua página mais bela"[29].

d) A influência da reflexão teológico-pastoral argentina

A corrente teológica que mais alardeia uma relação mais ou menos direta com Bergoglio é a chamada "Teologia do Povo". Entretanto, é preciso ter cautela ao tentar simplesmente classificar o Santo Padre entre os "teólogos do povo". Em primeiro lugar, porque ele nunca foi um teólogo de profissão. Ele é um pastor que, naturalmente, atua guiado por certas perspectivas teológicas que ele mesmo foi desenvolvendo e discernindo pessoalmente, mas sem nunca ter seguido alguma "escola" em particular.

---

[28] Francisco, *Discurso aos participantes da convenção diocesana em Roma*, 16 de junho de 2014. Acessado em 10 de outubro de 2020: http://www.vatican.va/content/francesco/it/speeches/2014/june/documents/papa-francesco_20140616_apertura-convegno-diocesano.html.

[29] Evangelina Himitian, *A vida de Francisco: o Papa do povo*. Objetiva, Rio de Janeiro 2013, p. 148.

Contudo, embora o Papa Francisco não esteja totalmente ciente disso ou não ouse afirmá-lo explicitamente, pode-se comprovar certa "**influência ambiental**" sobre ele, a saber, aquela que provinha do ambiente teológico-pastoral argentino no qual ele viveu, estudou e trabalhou pastoralmente. Juan Carlos Scannone indica pelo menos **quatro pontos de contato ou "convergências"** da perspectiva teológico-pastoral do Papa Francisco, expressados em particular em seu documento programático *Evangelii Gaudium*, com alguns dos princípios fundamentais da "Teologia do Povo": (a) sua compreensão de "povo de Deus"; (b) a relação entre os povos da terra e o povo de Deus em uma perspectiva histórico-cultural; (c) a valoração pastoral e teológica da piedade popular; e (d) como esta se relaciona com os pobres.[30]

Também o jesuíta Jorge Seibold, autor da expressão *mística popular* tão querida pelo Papa, indica como este se deixou influenciar pelo ambiente popular e teológico argentino: "Tenho certeza de que Bergoglio é um homem que também experimentou a piedade popular, sem deixá-la de lado, porque ele a aprecia, e isso não é apenas um conhecimento intelectual e geral, mas, se ele se encontrar diante da imagem da Virgem de Luján, ele vai se ajoelhar, vai beijá-la e tocá-la. E nesse toque há toda uma mística".[31]

e) A influência da Igreja latino-americana na Igreja universal

O pontificado de Bergoglio representa o fruto maduro de um longo processo de nascimento, crescimento e amadurecimento da Igreja latino-americana até chegar ao ponto de dar uma **contribuição significativa** para a Igreja universal.

---

[30] Juan Carlos Scannone, *La teología del pueblo: raíces teológicas del Papa Francisco*, Sal Terrae, Maliaño 2017, p. 205-218.

[31] Entrevista com Jorge Seibold, San Miguel, 11 de novembro de 2015, não publicada. Cf. também: Jorge R. Seibold, *La mística popular*, Buena Prensa, México 2006.

Alguns teólogos previram, mesmo antes da eleição do Papa Francisco, que "na Igreja sopra um vento do sul"[32].

O "genial pensador del Río de la Plata"[33] e amigo de Bergoglio, Alberto Methol Ferré, destacou-se nessa análise. Com sua perspectiva aguda da história e da geopolítica eclesial, ele afirmou que "sempre houve e sempre haverá igrejas que, em um determinado momento da história, são um fulcro de iluminação para outras"[34], igrejas "fonte" ou "protagonistas" que, de diversas maneiras, irradiam para igrejas "receptoras". Por meio do Papa Francisco, o catolicismo latino-americano experimenta a **transição de "receptor" para "fonte"**, de "influenciado" para "protagonista".

O papado de Francisco é, por exemplo, a "**projeção universal de Aparecida**", porque "a novidade trazida pelo Papa Francisco está ligada à novidade de Aparecida"[35]. Há vários temas do atual pontificado nos quais se pode ver a influência dessa Conferência, que chegou a ser citada vinte vezes na *Evangelii Gaudim*, texto de apresentação do "programa pastoral" de Francisco. Galli apresenta uma lista destes temas e dá ênfase especial ao "tema da piedade popular católica, uma contribuição decisiva da Igreja latino-americana desde o Sínodo de 1974 até hoje"[36], que encontrou um lugar especial na EG (cf. EG 122-126) e no pontificado do Papa Francisco.

---

[32] Carlos María Galli, "En la Iglesia sopla un viento del Sur: la novedad de América Latina en la nueva evangelización", em *Teología* 49, nº 108 (agosto de 2012): p. 101-172; Juan Carlos Scannone, "Vientos nuevos del Sud: la teología argentina del pueblo y el Papa Francisco", em *Revista Pistis Praxis* 8, nº 3 (setembro-dezembro de 2016): p. 585-611.

[33] Guzmán Carriquiry, "Más actual que nunca". Em *El Papa y el filósofo, editado por Alver Metalli,* 13-17. Santiago de Chile: Pontificia Universidad Católica de Chile, 2015, p. 13.

[34] Methol Ferré, 'Apogeo y crisis de la modernidad', em *La América Latina del siglo XXI*, entrevista por Alver Metalli, em Edhasa, março de 2006, p. 60.

[35] Carlos María Galli, 'Diez claves de la Exhortación *Evangelii Gaudium*,' em *Francisco, la alegría que brota del pueblo: una reflexión compartida de* Evangelii Gaudium, ed. Benedetti et.al., Santa María, Buenos Aires 2015, p. 113-114.

[36] *Idem*, p. 115.

Precisamente sobre o tema da piedade popular, houve um processo de **intercâmbio recíproco e retroalimentação** entre os magistérios universal e latino-americano. Desta forma, a renovada valorização da piedade popular mariana, promovida por Francisco, não deve ser vista como um capricho insignificante de uma Igreja periférica, mas como uma contribuição efetiva de uma Igreja chamada a assumir um papel relevante e a ser uma fonte de inspiração teológico-pastoral no cenário da Igreja universal.

5.3. Conclusões de um ponto de vista teológico-pastoral

A mariologia do Papa Francisco tem claras consequências teológico-pastorais. Destaco pelo menos três delas, que são **relevantes e necessárias** para uma pastoral no espírito do atual pontífice.[37] Devemos considerá-las, portanto, como "vigentes e urgentes" para a evangelização nos tempos de hoje: uma Igreja mariana, a espiritualidade mariana popular e a dimensão social da piedade mariana popular.

a) A vigência e urgência de uma Igreja mariana

Na *Evangelii Gaudium*, o Papa Francisco deixou claro que a Igreja é "uma mãe de coração aberto" (EG 46-49). Ele enfatiza o espírito materno-eclesial (EG 140), a maternidade pastoral de todo o povo de Deus. Essa maternidade tem consequências claras para o cuidado pastoral, tais como:

a.1) Uma **Igreja com atitudes marianas**, ou seja, *atitudes femininas e maternais*. As atitudes marianas são aquelas que o Evangelho aplica a Maria, atitudes femininas

[37] Cf. Alexandre Awi Mello, *Maria-Iglesia: Madre del Pueblo Misionero. El Papa Francisco y la piedad popular mariana a partir del contexto teológico-pastoral latinoamericano*. Ágape Libros, Buenos Aires 2019, p. 783-858.

como as de uma mãe. Num mundo que é um hospital de campanha, "a coisa de que a Igreja mais precisa hoje é a capacidade de curar as feridas e aquecer os corações dos fiéis, a proximidade"[38]. Por isso o Papa Francisco insiste tanto na importância de ser uma Igreja misericordiosa.

a.2) Um **"estilo mariano de evangelização"** foi a expressão que Francisco usou em EG para se referir às atitudes marianas quando se trata de evangelizar. Maria é a "Mãe da evangelização" (EG 284-288), modelo de muitas virtudes para um povo missionário, desde sua plena disponibilidade a Deus até sua capacidade de sofrer aos pés da cruz. No entanto, Francisco chama a atenção para uma característica especial da atividade missionária de Maria: sua ternura. Essa ternura não deixa de ser, ao memo tempo, profética e forte, mas mostra o que o Papa chama de "força revolucionária da ternura e do afeto" (EG 288).

a.3) Uma Igreja com atitudes marianas, inclusive quando se trata de evangelizar, é uma Igreja que **leva a sério seu perfil mariano** e suas correspondentes consequências pastorais.[39] Formulada por Balthasar, a ideia do "princípio mariano da Igreja" foi adotada indireta e implicitamente pelo Papa Francisco, que reconhece as implicações pastorais de uma Igreja que é feminina, mulher e mãe[40], em contraste com uma visão meramente masculina, burocrática e "petrina" da Igreja.

---

[38] Antonio Spadaro, "Entrevista com o Papa Francisco", em *La Civiltà Cattolica 2013* III, 3918 (19 de setembro *de 2013*), p. 461.

[39] Cf. Brendan Leahy, *El principio mariano en la eclesiología de Hans Urs von Balthasar*. Ciudad Nueva, Madri 2002, p. 37.

[40] "A Igreja é feminina, porque é igreja, esposa: é feminina. É mãe, dá à luz. Esposa e mãe. E os Padres vão além e dizem: 'A sua alma também é esposa de Cristo e mãe'. Nessa atitude de Maria, que é Mãe da Igreja, neste comportamento podemos entender essa dimensão feminina da Igreja que, quando não existe, a Igreja perde a verdadeira identidade e se torna uma associação beneficente ou um time de futebol ou qualquer outra coisa, mas não a Igreja." (Francisco, *Meditação matutina em 21 de maio de 2018*. Acessado em 5 de novembro de 2023, https://www.vaticannews.va/pt/papa-francisco/missa-santa-marta/2018-05/papa-igreja-mulher-mae-como-maria.html)

a.4) Finalmente, do ponto de vista pastoral, uma Igreja mariana deve ter o cuidado de apresentar uma **correta imagem de Maria**. Essa deve ser uma imagem **integral, integrada e integradora**. O Papa Francisco sempre apresenta Maria de forma integral, ou seja, a partir das Sagradas Escrituras e em clara relação com Cristo, com a Trindade e com a Igreja; em outras palavras, Maria aparece sempre integrada à totalidade da experiência da fé cristã. Isso dá segurança e complementa as visões parciais que frequentemente encontramos na piedade mariana e também na piedade popular. Além disso, o Papa considera a presença de Maria na vida das pessoas como um fator integrador da experiência humana, cultural e cristã das pessoas e dos povos, pois ela participa de sua salvação integral, humana e escatológica. É por isso que ele gosta de se referir à devoção mariana como uma espiritualidade ou mística que abrange toda a vida das pessoas e dos povos, como parte de sua identidade pessoal e cultural.

b) A vigência e urgência da espiritualidade popular mariana

Sob este imperativo pastoral, considero cinco consequências pastorais relacionadas entre si:

b.1) Uma pastoral popular mariana integradora: uma das características inovadoras da teologia argentina foi a opção do episcopado, no Documento de San Miguel (1969), de apoiar e incentivar o que chamaram de "pastoral popular", na qual a piedade popular desempenha um papel central, porque ajuda a levar a sério o povo de Deus com tudo o que lhe é próprio e autêntico, particularmente sua fé e sua experiência religiosa. Esse substrato não se encontra exclusivamente nos grupos mais pobres, embora entre eles se manifeste de forma mais clara e decisiva quando se trata de descrever o que é comum a um povo. Assim, pode-se dizer que há muito de "popular" também na piedade de grupos de classe média ou de outros setores sociais. Isso evita o reducionismo da pastoral popular a um único setor socioeconômico; integra a todos. A presença de Maria na pastoral popular acrescenta a esta uma específica dimensão maternal que fortalece o sentimento comum de "povo", pelo qual todos se sentem filhos da mesma Mãe e compartilham o mesmo "barro materno", material e espiritualmente.

b.2) O acompanhamento da espiritualidade e da mística popular mariana: Bergoglio, assim como Rafael Tello, argumenta que "o cristianismo popular deve ser fortalecido com a pastoral popular" e "é bom – e necessário – que a teologia tenha em conta a piedade popular"[41]. O Papa Francisco diz que esta piedade não deve ser "vista com desprezo" ou como algo que deve ser simplesmente "tolerado", porque o Espírito Santo se encontra nela por iniciativa gratuita, para revelar ali as suas riquezas (cf. EG 124). "É preciso abordá-la com o olhar do Bom Pastor, que não procura julgar, mas amar". De fato, "só a partir da conaturalidade afetiva que dá o amor é que podemos apreciar a vida teologal presente na piedade dos povos cristãos, especialmente nos pobres." (EG 125). É por tudo isso que a espiritualidade popular mais que "purificada" deve ser "acompanhada", recomenda o Papa.

b.3) O valor afetivo e missionário da espiritualidade popular mariana: Deus está ciente da carga emocional que existe no vínculo com uma mãe. Ele quer salvar a humanidade por meio do afeto e não apesar dele. De fato, Deus não quer que sejamos "faquires" [ou ascetas], mas

---

[41] Jorge Mario Bergoglio, 'Pobres en este mundo, ricos en la fe. A propósito de la figura y el pensamiento del Padre Rafael Tello", em *Vida pastoral* 310 (setembro de 2012). Acessado em 18 de maio de 2017: http://www.sanpablo.com.ar/vidapastoral/nota.php?id=664.

amantes que nunca deixam de amar a Deus e ao próximo. A piedade mariana é pessoal, encarnada e, portanto, compromete o coração. Portanto, a evangelização não deve deixar de apresentar Maria como mãe, com toda a carga existencial e emocional que isso implica. A espiritualidade mariana popular é, portanto, um poderoso antídoto e uma resposta à "orfandade" existencial e religiosa que muitos experimentam. Ela se expressa sobretudo por meio de símbolos, ou seja, ela "não é vazia de conteúdos, mas descobre-os e exprime-os mais pela via simbólica do que pelo uso da razão instrumental" (EG 124). Daí a importância de reconhecer o papel das imagens e dos muitos gestos das devoções marianas – como se expressam, por exemplo, nos santuários. Há um significado afetivo, mas também missionário, da espiritualidade popular. Esta, para Francisco, não é intimista. Pelo contrário, por meio da piedade popular, "o povo cristão evangeliza a si mesmo e cumpre a vocação missionária da Igreja" (DA 264). Ela tem uma dimensão comunitária, é socialmente engajada e carrega consigo um impulso missionário.

b.4) Uma síntese vital na sabedoria popular mariana inculturada: Papa Francisco valoriza muito a sabedoria popular, pois o Espírito Santo dá aos fiéis batizados "certa conaturalidade com as realidades divinas e uma sabedoria que lhes permite captá-las intuitivamente, embora não possuam os meios adequados para expressá-las com precisão" (EG 119). Nesse sentido, uma das características da sabedoria popular, particularmente presente na piedade popular mariana, é seu caráter integrante e unificador. "A sapiência popular católica tem uma capacidade de síntese vital; engloba criadoramente o divino e o humano, Cristo e Maria, espírito e corpo, comunhão e instituição; pessoa e comunidade; fé e pátria, inteligência e afeto" (DP 448). De fato, unir Cristo e Maria não é difícil para o modo de pensar orgânico e unificador do povo fiel. A perspectiva mariana é a melhor "garantia" para esse pensamento orgânico, especialmente quando Maria entra na vida e na sabedoria de um povo com uma presença inculturada, como aconteceu, por exemplo, na história latino-americana ou polonesa.

b.5) Uma pedagogia mariana de evangelização: seguindo *a Evangelli Nuntiandi* n. 48, Papa Francisco acredita que a pastoral popular, "se for bem orientada, sobretudo mediante uma pedagogia da evangelização, ela é algo rico de valores[42]." Essa pedagogia pode ter uma característica mariana. Quando os fiéis nutrem seu amor pessoal por Maria, eles gradualmente adotam suas atitudes e se tornam cada vez mais parecidos com Jesus (cf. DAp 300). Portanto, não se deve temer que o fiel tenha um vínculo de amor real e profundo com Nossa Senhora, nem se deve permitir que ele seja diluído ou relativizado, como muitas vezes acontece na ação pastoral. Pedagogicamente, o amor a Maria, bem orientado, leva a Jesus. Essa perspectiva ajuda a entender por que o Papa Francisco insiste tão pouco na "correção" e na "purificação" da piedade mariana popular. Ele acredita no poder teológico do vínculo de amor a Maria. Ele acredita na ação do Espírito nesse vínculo e na troca de olhares entre Mãe e filho, e que esse é o caminho para a conversão a atitudes marianas exemplares.

c) A vigência e urgência da dimensão social da piedade popular mariana

O Papa Francisco dedica grande parte de EG à dimensão social da evangelização (EG 177-258). A piedade popular mariana também tem claras implicações sociais que incluem a dimensão socioeconômica, mas não se

[42] Francisco, *Carta ao Cardeal Marc Ouellet, Presidente da Comissão para a América Latina,* 19 de março de 2016. Acessado em 5 de novembro de 2023: https://www.vatican.va/content/francesco/pt/letters/2016/documents/papa-francesco_20160319_pont-comm-america-latina.html

reduzem a ela. Trata-se do impacto da piedade popular mariana na sociedade em geral e na dimensão social da vida do povo de Deus, onde quer que ele se encontre. O Papa Francisco está ciente dessa importância, sabe valorizá-la e considerar suas consequências. Estes são temas amplos que só podem ser apresentados aqui de forma muito breve e sintética:

c.1) Opção mariana pelos pobres: segundo Francisco, "a opção pelos pobres é mais uma categoria teológica que cultural, sociológica, política ou filosófica" (EG 198). A Igreja faz essa opção por fidelidade a Jesus. Deus, que se fez pobre na pobreza de Maria, decidiu viver com os pobres. Portanto, a opção pelos pobres, além de ser cristológica (cf. DA 392), é mariana em suas raízes, e a piedade popular mariana é um lugar privilegiado para o exercício dessa opção, pois envolve um compromisso com a justiça social e a libertação integral do ser humano. De fato, "sem Maria desencarna-se o Evangelho, desfigura-se e transforma-se em ideologia, em racionalismo espiritualista" (DP 301). Em conformidade com Aparecida, Bergoglio está convencido de que na mística popular há um "rico potencial de santidade e justiça social" (DA 262) que deve ser bem aproveitado para a Nova Evangelização.

Dessa forma compreende-se como podem "caminhar juntos" elementos que, em contextos eclesiais polarizados, parecem ser considerados como incompatíveis. Por um lado, a decisiva e clara "opção pelos pobres e marginalizados", a incansável e preferencial dedicação à "pastoral popular" e à "opção pelo povo", que é uma perspectiva muitas vezes considerada "de esquerda"; e por outro lado, um decidido apoio e predileção pela piedade popular e, especialmente, por sua forte dimensão mariana, que são rotuladas por muitos como "de direita" e facilmente adotadas como bandeira por grupos católicos fundamentalistas de todos os tipos. O Papa ama os pobres deste mundo e não duvida de que a grande riqueza deles é sua fé cristológica, eclesial e particularmente mariana.

c.2) Protagonismo laical mariano: outra expressão da dimensão social da piedade popular mariana, que para Bergoglio é bastante original, é sua dimensão laical. Como ele disse aos bispos do CELAM: "Em nossas terras, existe uma forma de liberdade laical por meio de experiências de povo: o católico como povo. Aqui vê-se uma maior autonomia, geralmente sadia, que se expressa fundamentalmente na piedade popular".[43] Por meio dela, o santo povo fiel de Deus realiza "experiências populares" que não passam necessariamente pela mediação, "cuidado" ou "controle" da hierarquia.

O protagonismo laical, característico da piedade popular, tem uma dimensão mariana. De fato, Maria é mulher, leiga e pertence a um povo sacerdotal sem ter funções sacerdotais (cf. EG 104). Maria tem um estado e uma função laical no plano da salvação, o que significa que existe uma área temporal-laical-secular na qual se desenvolveu o mistério de Maria. Sua missão não se desenvolve do lado do altar, como Zacarias, mas do lado do povo.[44] Além disso, existe uma relação entre o mistério de Maria e a realidade laical secular.[45]

Dessa forma, a piedade mariana popular, cultivada em geral por leigos – especialmente por mulheres – fortalece a liderança laical e leva os leigos, mesmo que não

---

[43] Francisco, *Discurso aos bispos responsáveis do Conselho Episcopal Latino-Americano (CELAM) por ocasião da reunião de coordenação geral*, 28 de julho de 2013. Acessado em 5 de novembro de 2023, https://www.vatican.va/content/francesco/pt/speeches/2013/july/documents/papa-francesco_20130728_gmg-celam-rio.html

[44] Vale a pena refletir sobre as diferenças entre a anunciação do anjo Gabriel ao sacerdote Zacarias (Lc 1,5-23) e à leiga Maria (Lc 1,26-38): cf. Alexandre Awi Mello, "Uma leiga chamada Maria: identidade e missão do leigo na Igreja e no mundo", em João Carlos Almeida (org.), *Uma leiga chamada Maria*. Aparecida: Editora Santuário, 2019, p. 13-39 (em particular, p. 16-18).

[45] Michele Giulio Masciarelli, "Teología del laicado según el Concilio Vaticano II," em *Nuevo Diccionario de Mariología,* Ed. Paulinas, Madri 1986, p. 1033-1052.

se deem conta disso, a descobrir e apreciar todas essas dimensões "seculares" de Maria, a discípula missionária de Jesus na vida cotidiana do povo de Deus que vive no "século", ou seja, no meio do mundo.

c.3) Feminilidade mariana das mulheres: o Papa Francisco se refere muitas vezes às mulheres, a seu lugar na Igreja e na sociedade. Esse é um assunto de grande interesse para o Papa, embora ele sempre evite cair em ideologias. O Papa Francisco sabe que sem Maria e uma compreensão correta das mulheres, sem a maternidade de ambas, toda a Igreja fica comprometida e carece de maternidade porque – diz ele – "sem a mãe, a Igreja cai"[46].

Por conseguinte, a relevância da dimensão social da piedade mariana popular também traz, como consequência pastoral, a recuperação da feminilidade mariana das mulheres, para que elas possam desempenhar seu papel na Igreja e na sociedade. A força do feminino é crucial e, para ser salvo e ajudar a salvar a humanidade, deve ser assumido pela feminilidade de Maria. Embora a compreensão da mulher não deva ser reduzida à sua maternidade, como aconteceu por muito tempo também em âmbitos eclesiais, sua fecundidade e realização como pessoa estão ligadas ao exercício da maternidade física e/ou espiritual. É por isso que Francisco repreende as mulheres consagradas que não incorporam em suas vidas a dimensão materna: "A mulher consagrada é uma mãe, ela deve ser uma mãe e não uma 'solteirona'!"[47]

Sobre esta base, o primeiro que se deve afirmar é a necessidade de o povo de Deus experimentar a presença

---

[46] Francisco, entrevista a Alexandre Awi Mello, em 6 de setembro de 2015, na Casa Santa Marta (Vaticano), não publicada.

[47] Francisco, *Discurso às Religiosas participantes na assembleia plenária da União Internacional das Superioras-Gerais (UISG)*, 8 de maio de 2013. Acessado em 5 de novembro de 2023: https://www.vatican.va/content/francesco/pt/speeches/2013/may/documents/papa-francesco_20130508_uisg.html

das mulheres. A piedade popular é muito marcada pela contribuição feminina e pelo aporte de tantas mulheres que dão "alma" à experiência do povo. As mulheres contribuem para essa presença mariana na Igreja e Maria se expressa por meio delas. A piedade popular é, assim, um espaço onde elas se expressam livremente e o fazem como leigas. Por outro lado, o Papa Francisco insiste que o "espaço" para as mulheres na Igreja não está primariamente associado a cargos ou funções, mas a uma atitude feminina e mariana que é cada vez mais necessária na Igreja. Isso não nega, mas reforça a conveniência de uma participação eclesial mais institucional, desde que seja à maneira das mulheres e não reproduzindo um modelo masculino (cf. EG 103-104).[48]

Nesse contexto, Balthasar falou da "autoridade" mariana do amor, que é típica das mulheres.[49] Além disso, a feminilidade de Maria destaca não apenas a diferença específica entre os sexos, mas também a correta relação entre o criado e o criador, porque a receptividade própria do ser feminino ensina o ser humano a ser criança, dependente, criatura diante de Deus Pai. Essa relação filial, tanto diante de Maria quanto do Pai providente, está muito presente na piedade popular, que fortalece assim o vínculo filial maduro, que é fundamental para o equilíbrio vital do homem e da mulher.

Para concluir esta reflexão, pode-se mencionar o que São João Paulo II escreveu em *Mulieris Dignitatem* (n. 30), que também expressa bem o pensamento do Papa

---

[48] "Na Igreja, temos de pensar a mulher sob essa perspectiva de escolhas arriscadas, mas como mulheres (...). Limitamo-nos a dizer que pode fazer isto, pode fazer aquilo, agora faz a coroinha, depois faz a Leitura, é a presidente da *Caritas*... Mas, há muito mais! É necessário fazer uma profunda teologia da mulher." (Francisco, "Encontro com os jornalistas durante o voo de regresso do Rio de Janeiro a Roma", 28 de julho de 2013. Acessado em 5 de novembro de 2023, https://www.vatican.va/content/francesco/pt/speeches/2013/july/documents/papa-francesco_20130728_gmg-conferenza-stampa.html

[49] Cf. Brendan Leahy, *El principio mariano en la eclesiología de Hans Urs von Balthasar.* Ciudad Nueva, Madri 2002, p. 162-163.

Francisco: Deus confiou às mulheres o humano, a pessoa e o amor. Sem a missão das mulheres no mundo, corre-se o risco de perder a sensibilidade em relação ao que é essencialmente humano. A identidade da mulher é marcada por essa capacidade de amar até o extremo, essa maternidade que – segundo Bergoglio – é capaz de suportar "uma peculiar fadiga do coração"[50], um coração quebrantado, capaz de sofrer as maiores humilhações por seu filho. As mulheres, como Maria, são, portanto, protagonistas da "revolução da ternura" proclamada pelo Papa Francisco (cf. EG 288). Desse modo, podemos concluir, com Joaquín Alliende, que "na feminilidade redimida e trinitária de Maria Mulher, o Deus vivo nos oferece um instrumento privilegiado para um novo humanismo pelo qual clamam os sinais dos tempos"[51].

[50] Expressão de João Paulo II na *Redemptoris Mater* 17, que tem grande valor na reflexão mariológica de Francisco. Cf. *Alexandre Awi Mello, "Ela é minha Mãe!": Encontros do Papa Francisco com Maria.* 3ª ed. São Paulo: Loyola, 2014, p. 146-148; 208-211.

[51] Joaquín Alliende, *Para que nuestra América viva: María educadora de discípulos y misioneros.* Nueva Patris, Santiago do Chile 2007, p. 42.

II

UMA IMPLÍCITA MARIOLOGIA NA *FRATTELI TUTTI*

Fr. Jonas Nogueira da Costa, OFM[1]

A devoção mariana na vida do Papa Francisco é visceral. Por essa razão, abordar a perspectiva mariológica de um documento de seu magistério, em nosso caso a *Fratelli Tutti,* é mergulhar na essência de um texto nascido da experiência de alguém que se compreende sob o cuidado de uma mãe e quer que a Igreja, ícone dessa mesma mãe, sempre cumpra sua função materna. Por isso, a mãe Igreja deve estender seus braços em busca de um diálogo amoroso entre religiões, governos e economias, em vista da realização da vocação civilizatória de cada ser humano, que é chamado a conviver na paz e no respeito à alteridade.

Para a realização de nosso intento, primeiro vamos mergulhar nas linhas gerais da Carta Encíclica *Fratteli Tutti* que visa tratar da fraternidade e da amizade social, pontuando o modo como o Papa Francisco busca sua inspiração em Francisco de Assis, irmão universal, por isso gerador de atitudes não violentas de diálogo; para, enfim, perceber o

[1] Frei Jonas Nogueira da Costa, OFM. Doutor em Teologia Sistemática (pesquisa em Mariologia) pela Faculdade Jesuíta de Filosofia e Teologia – FAJE. Vice-presidente da Associação Brasileira de Mariologia e membro da Equipe de Assessoria Teológica da Academia Marial de Aparecida.

quanto o texto tem de "espiritualidade mariana", o que o torna uma real expectativa de "dar à luz" um mundo novo.

Se no livro do Gênesis encontramos o homicídio como a marca da relação entre os irmãos Caim e Abel (Gn 4), as tensões e favoritismos entre Esaú e Jacó (Gn 25), o ódio gratuito dos irmãos de José do Egito (Gn 37), queremos em Jesus, aquele que se fez nosso irmão, superar ciclos de ódio e violência, acolhendo radicalmente o que Ele nos disse: "Todos vós sois irmãos" (Mt 23,8).

1. Perspectivas da Carta Encíclica *Fratteli Tutti*

Segundo Tomás Halík, a *Fratteli Tutti* é um dos documentos mais importantes de nosso tempo, com importância comparável à *Declaração Universal dos Direitos Humanos*[2]. Isso é muito evidente quando se coloca diante de nossos olhos o horror e o fracasso humano que é uma guerra. Sobretudo quando todo o ódio deliberadamente introjetado no âmago das pessoas busca uma falsa e herética argumentação teológica. O Papa nos diz isso quando comenta que

> Naquele encontro fraterno, que recordo jubilosamente, com o Grande Imã Ahmad Al-Tayyeb, "declaramos – firmemente – que as religiões nunca incitam à guerra e não solicitam sentimentos de ódio, hostilidade, extremismo, nem convidam à violência ou ao derramamento de sangue. Essas calamidades são fruto de desvio dos ensinamentos religiosos, do uso político das religiões e também das interpretações de grupos de homens de religião que abusaram – em algumas fases da história – da influência do sentimento religioso sobre os corações dos homens [...]. Com efeito, Deus, o Todo-Poderoso, não precisa ser defendido por ninguém e não quer que seu nome seja usado para aterrorizar as pessoas" (FT[3] 285).

[2] HALÍK, Tomás. *O entardecer do cristianismo*. A coragem de mudar. Petrópolis: Vozes, 2023, p. 321.

[3] A partir desse momento usaremos a sigla FT para *Fratteli Tutti*.

Logo, podemos afirmar: não existe guerra santa, pois é da ordem do querer divino a igualdade nos direitos, nos deveres e na dignidade de todos que devem conviver entre si como irmãos (FT 5).

Sendo o Papa Francisco, atualmente, a voz mais conhecida e respeitada de todo o planeta, aquele que diz do absurdo das construções de ódio, faz-se mister a Igreja rever, tanto em âmbito pessoal (cada fiel) como político (engajamento social), nossas opções de paz, justiça e dignidade para todas as pessoas.

Nessa perspectiva, elencamos três aspectos da *Carta Encíclica* que nos revelam sua importância no cenário internacional, que, em absolutamente nada, dispensa nossa conversão pessoal.

O primado da paternidade divina como condição para o diálogo

A *Carta Encíclica* começa com uma expressão tirada das *Admoestações* de São Francisco, em que o Santo de Assis pede aos frades que sejam imitadores de Jesus, como o Bom Pastor, que deu toda a sua vida para a salvação da humanidade. E continua dizendo que "[as] ovelhas do Senhor seguiram-no na tribulação e na perseguição, na vergonha e na fome [...]". Para Francisco, imitar Jesus é segui-lo. Com uma imagem podemos dizer que "no mesmo lugar que Jesus pisou deve seu discípulo pisar".

Tal compreensão de imitação/seguimento afasta todo entendimento de fé como uma adesão formal ou intelectiva que não coloque os fiéis "em saída" ao encontro do outro. Inclusive, alerta para não vivermos de recordação do que os outros fizeram de bom e louvável, como uma atitude de má-fé que justifica nosso imobilismo, pois, no entender de Francisco, "é grande vergonha para nós, servos de Deus, que os santos tenham feito as obras, e nós, proclamando-as, queiramos receber a glória e a honra"[4].

Não somos chamados a usurpar glória e honra, mas a vivermos como "servos de Deus" e "irmãos e irmãs". E isso de modo muito concreto. Esse é o âmago da vivência cristã: o amor que em nada se deixa limitar, que nos move ao outro "independentemente de sua proximidade física, do ponto da terra em que cada [pessoa] nasceu" (FT 1).

O amor que ultrapassa fronteiras é a plenitude da fraternidade. E só podemos falar que somos "todos irmãos", se afirmarmos a paternidade (com seus evidentes traços maternos) de Deus. Somente sob o olhar e o amor do Pai é que somos irmãos uns dos outros.

Para dizer isso, o Papa irá buscar na tradição franciscana um encontro de Francisco que supera "distância de proveniência, nacionalidade, cor ou religião, [que] é sua visita ao sultão Malik-al-Kamil, no Egito" (FT 3).

Como pano de fundo para esse encontro, é importante ter em mente que o muçulmano, mesmo já presente em algumas partes da Europa, era visto de modo generalizado como alguém mau, feroz, cruel e desumano[5]. Contudo, o encontro de Francisco com o Sultão Malik-al-Kamil quebra completamente essa imagem.

As fontes franciscanas nos dizem que Francisco foi acolhido de modo cortês pelo Sultão, e este, inclusive, manifestou o desejo de que o *Poverello* viesse a morar com os sarracenos. Temos um claro sinal de amizade entre Francisco e o Sultão seguido também do pedido de que Francisco rezasse por aquele que era considerado um inimigo. Sobre os presentes oferecidos a Francisco, estes foram recusados em nome da senhora pobreza[6].

---

[4] FRANCISCO DE ASSIS. *Admoestações*. In: TEIXEIRA, Celso Márcio. *Fontes Franciscanas e clarianas*. Petrópolis: Vozes, 2004, p. 98-99 (VI, 1-3).

[5] TEIXEIRA, Celso Márcio. *Franciscanismo*. Estudos e reflexões. Belo Horizonte: Gráfica do Colégio Santo Antônio, 2019, p. 308.

[6] TEIXEIRA, Franciscanismo, p. 313.

Esse memorável encontro, dado na Idade Média, inaugura o que compreendemos atualmente como diálogo inter-religioso, pois fez a façanha de criar laços de amizade inimagináveis para aquela época.

Se pensarmos do ponto de vista do proselitismo (e acreditamos que dificilmente Francisco tenha se enveredado nessa viagem com essa finalidade), estamos diante de um verdadeiro fracasso. Nem o Sultão foi convertido ao cristianismo e nem Francisco alcançou o martírio, o que, inclusive, era muito provável. Contudo, do ponto de vista da fraternidade e da amizade social, temos uma das páginas mais significativas da história do diálogo inter-religioso, pois Francisco

> descobriu que evangelização não consiste em fazer adeptos, mas em estabelecer amizades, sólidas, corteses e respeitosas. Tanto assim que, quando na Regra não Bulada fala da maneira de estar entre os sarracenos, ele apresenta um programa de conviver de maneira coerente com o Evangelho (isto é, fraternalmente, sem brigas ou rixas) em submissão a toda criatura humana. Aliás, a mesma proposta de como os frades devem andar pelo mundo dos cristãos[7].

O grande elemento dificultador do diálogo inter-religioso é a pretensão de que cada religião tem de possuir a revelação final, o absoluto, compreender *Deus-em-si-mesmo*, não deixando nenhuma margem para a infinita alteridade divina e a evidência de que não somos capazes de abarcar o todo de Deus[8].

E dizer isso não nega a Revelação plena dada a todos pela encarnação do Verbo em nossa história. Jesus nos revela plenamente a face do Pai, mas nós não somos capazes de alcançar essa plenitude em si mesma. E do que recebemos de Jesus, a compreensão de Deus como Pai,

---

[7] TEIXEIRA, Franciscanismo, p. 316.

[8] RIBEIRO, Cláudio de Oliveira. *A teologia da libertação morreu?* Reino de Deus e espiritualidade hoje. São Paulo: Fonte Editorial, 2010, p. 93-94.

experiência que Ele fez em sua singularidade de unigênito e comunica a todos nós, é que dizemos que Deus é o "Pai Nosso", de todos, com todos.

Por isso, uma cultura que supervaloriza o individualismo, na falsa intenção de salvaguardar a dignidade humana, não passa de uma mera soma dos interesses individuais incapaz de gerar um mundo melhor para toda a humanidade (FT 105); incapaz de criar "pontes" entre religiões. Cada pessoa fica isolada em sua compreensão de Deus, acreditando ser ela a única verdadeira, autorizada ao ódio e abençoada por algum "guru midiático", que pode ser substituído por outro mais interessante a qualquer momento.

Pode parecer absurda a ideia de uma autorização para odiar, mas levando em consideração que o ódio nunca é algo natural, mas construído para ser assimilado, ele é o resultado de uma ação manipuladora, intencionalmente provocada por ideólogos do poder que se apresentam como líderes carismáticos. Assim, percebemos que ele é construído como um meio, uma ferramenta diabólica de submeter as pessoas a um pensamento único, asfixiante, em que elas podem, tranquilamente, morrer/matar dizendo estar lutando por princípios cristãos[9]. É aqui que entra a compreensão do mercado apresentado como uma religião.

Novamente, nós nos deparamos com outras ideias que podem parecer absurdas, pois religião não é mercado e também ninguém quer morrer em nome do mercado. Queremos usufruir dele com liberdade, já que o mercado não gera relações de liberdade, ele gera "seguidores acéfalos". Logo, para sua manutenção ele precisa de seu "irmão gêmeo" que é o fanatismo[10].

---

[9] MILLEN, Maria Inês de Castro. A cultura do ódio. In: TRASFERETTI, José Antonio; ZACHARIAS, Ronaldo (orgs.). *Ternura.* Uma abordagem ético-teológica. São Paulo: Paulus, 2023, p. 14.

[10] MILLEN, A cultura do ódio, p. 17.

O fanatismo é a arrogância da escravidão e da ignorância. Podemos dizer isso

> porque o fanático "nunca entra em um debate". Se ele avalia que algo não é bom, ele não discute, não dialoga, não busca razões. Considera seu dever eliminar imediatamente aquilo – e aqui estão incluídos povos e pessoas – que a seu ver pode conspurcar toda a humanidade. Em sua visão, ele está agindo "a favor do bem". Esse é o grande perigo, pois pensa que "seus fins santificam todos os meios"[11].

Como púlpito, o mercado/religião usa e abusa dos meios digitais. O Papa Francisco, muito sensível a essa realidade, manifesta sua preocupação com a comunicação violenta utilizada na internet, ao dizer:

> Deve-se reconhecer que os fanatismos, os quais induzem a destruir os outros, são protagonizados também por pessoas religiosas, sem excluir os cristãos, que podem fazer "parte das redes de violência verbal através da internet e de vários fóruns ou espaços de intercâmbio digital. Mesmo nos meios de comunicação católicos, é possível ultrapassar os limites, tolerando-se a difamação e a calúnia e parecendo excluir qualquer ética e respeito pela fama alheia" (GeE, n. 115) (FT 46).

Esse universo de ódio e fanatismo é o avesso do que dizemos quando afirmamos que Deus é Pai. Dizer "Pai" é sempre uma referência de relacionamento. No vocabulário teológico, Deus é o Pai de nosso Senhor Jesus Cristo, por ser Ele o Filho unigênito, logo é a relação daquele gera e do gerado na eternidade. Jesus traduziu esse relacionamento chamando de *Abbá,* o que equivalia ao *papai* pronunciado na intimidade familiar. E o que Jesus viveu na intimidade do Pai, Ele comunica a todos nós que recebemos o "espírito de adoção filial e no qual clamamos: 'Abbá, Pai'" (Rm 8,15).

---

[11] MILLEN, A cultura do ódio, p. 17-18.

Clamamos Deus como Pai porque nos deixamos guiar pelo Espírito de Deus (Rm 8,14). Mas para onde o Espírito nos conduz? O Espírito sempre nos conduz à realização da nossa finalidade (*telos*), da nossa vocação. E a realização de cada pessoa nunca é um ato isolado, mas em comunhão com as criaturas. Assim, se falamos do primado da paternidade divina como condição de diálogo em vista da construção de um mundo mais fraterno, a consequência imediata a essa afirmação é uma espiritualidade do encontro.

A espiritualidade do encontro

O segundo aspecto que destacamos na *Fratelli Tutti* é o que denominamos *espiritualidade do encontro*. Assumimos a palavra "espiritualidade" para nos esquivarmos de qualquer ideia de que "encontro" seja algo apenas programado, boas obras pontuais, *fotogênicas* e, por isso, aptas às nossas postagens nas redes sociais. Não negamos que isso traga benefícios, mas é preciso ir muito além. Assim, escolhemos falar de "espiritualidade", entendida como um atributo humano que tem como ponto de partida uma interioridade (o que não é fruto da superficialidade, mas foi gestado no âmago de cada pessoa) e que move e molda o modo de ser, fazer, falar etc. Assim, falamos de pessoas que se fazem "encontro", se fazem "próximas".

E essa é a grande chave de interpretação que o Papa Francisco nos dá para a interpretação da Parábola do Bom Samaritano (Lc 10,25-37): é *necessário que nós nos façamos próximos do outro*.

Não queremos reproduzir o que foi dito de modo brilhante na *Fratelli Tutti* a partir de seu segundo capítulo. Vamos apenas ver o modo como o Papa interpreta o termo "próximo" e as muitas pontes que são possíveis com essa apropriação.

Para a *Fratelli Tutti*, a chave hermenêutica da parábola do bom samaritano deriva da pergunta de Jesus: "... qual dos três *se fez próximo* [...]?" (Lc 10,36) "Fazer-se próximo" é o modo de sairmos de nosso narcisismo destrutivo e construirmos as tão necessárias aproximações que nosso tempo espera de nós. Dizemos isso mediante o abismo que existe entre ricos e pobres; entre posturas desumanizantes e direitos humanos; entre o direito à vida e à liberdade frente à negação ao livre acesso à qualidade de vida. Então: o que significa *se fazer próximo*?

"Próximo", para os contemporâneos de Jesus, designava a pessoa que está mais perto, mais vizinha. O que por sua vez, era entendido como as pessoas que pertenciam ao mesmo grupo e à mesma raça (FT 81).

Dentro dessa mentalidade, jamais um judeu pode se fazer próximo ao samaritano. Isso porque o ódio aceso entre judeus e samaritanos permanecia vivo desde o séc. VII a.C., quando após a deportação da Samaria para a Assíria, a região foi repovoada por colonos estrangeiros, o que fez dos samaritanos um povo mestiço que, apesar de cultuar a YHWH, também adorava outras divindades importadas dos colonos que ali chegaram (2Rs 17,24-34)[12].

A parábola refere-se a um samaritano, mas, se pensarmos na "mulher samaritana", personagem paradigmático do texto de Jo 4,1-30, a situação de ódio entre povos ainda é mais alarmante, pois nas palavras de Alberto Maggi "[um] judeu teria preferido morrer de sede a pedir água a uma mulher, além disso samaritana, alguém que é impura e contamina tudo aquilo que toca ('As samaritanas estão menstruadas desde o nascimento' [...])"[13].

---

[12] MAGGI, Alberto. *Como ler o Evangelho e não perder a fé*. São Paulo: 2013, p. 55.

[13] MAGGI, Alberto. *A loucura de Deus*. O Cristo de João. São Paulo: Paulus, 2013, p. 48.

É justamente nesse lugar de ódio ancestral, nesse lugar de pessoas consideradas impuras, detestáveis, perigosas (FT 82), que Jesus nos pede para superar toda a inimizade enraizada em todos os níveis sociais e culturais, numa atitude de se *fazer próximo*, ou seja "já não digo que tenho 'próximos' a quem devo ajudar, mas que me sinto chamado a tornar-me, eu, um próximo dos outros" (FT 81).

Essa chave hermenêutica é a que nos permite compreender toda a iniciativa de construção de fraternidade e de amizade social. Assim, se falamos que "Deus é origem e fundamento dos direitos humanos[14]", estamos dizendo que a nossa resposta a Deus, enquanto um modo de vida coerente, é nos fazermos próximos uns dos outros, sobretudos dos "caídos" às margens da sociedade.

Novamente, falamos que esse movimento de *se fazer próximo* é uma espiritualidade. Não é algo que pontualmente fazemos com fins interesseiros, mas um modo de viver, que a *Fratelli Tutti,* tomando uma expressão do Papa João Paulo II, chama de *lei de* êxtase, ou seja, somos impelidos a sair de nós mesmos para a vivência do encontro, com nós mesmos na mediação do outro.

Especificamente, gostaríamos de nos colocar frente à "face do outro" a partir da alteridade religiosa. A *Fratelli Tutti* nos convida a ver o cenário internacional e o papel das grandes religiões como ferramentas de paz mundial. Nessa perspectiva, olhando para nossa realidade brasileira nos últimos anos, percebemos o quanto o debate político foi inviabilizado pela absolutização de pautas religiosas, o que nos leva a perguntar sobre as diferentes compreensões de cristianismo e as manipulações de seus princípios em detrimento de interesses particulares. A manipulação religiosa tem levado muitos cristãos a entenderem, em

[14] GASDA, Élio. Trabalho e humanismo. In: BRASILEIRO, Eduardo. et. al. (orgs.). *Transformações teológicas na América Latina.* Novos horizontes para a libertação. São Paulo: Paulus, 2023, p. 234.

nome do que denominam como fé, que os meios de violência santificam os fins políticos/religiosos a serem alcançados. Diante dessas considerações, acreditamos que a *Carta Encíclica* nos abre perspectivas de aproximação humanizadora em vias de diálogos de paz e democracia.

O diálogo religioso

O que dizer com responsabilidade sobre o dito popular: *"política, religião e futebol não se discute!"*? As terríveis brigas de torcida nos obrigam a ter uma palavra sobre o assunto, pois não raras vezes terminam em formas de violência que levam à morte. É um assunto de segurança pública, ética, respeito à escolha de torcer por um time diferente do meu.

A polarização no assunto política e religião, no entanto, torna-se algo mais complicado. Isso porque foi programado um discurso que une essas duas realidades de modo maniqueísta, de modo que, ou você é do "bem" e abraça uma perspectiva que está de acordo com o que se considera a fé cristã, ou você é do "mal", que opta por pautas que não condizem com a fé. E quando o que se entende por "não condizente com a fé" é dito pelos bispos ou pelo papa opta-se por uma autoapresentação considerada um invólucro inquestionável: "sou um conservador" – entendendo essa expressão como a mais autêntica opção pela ortodoxia da fé, mesmo desligando a pessoa do Papa e da CNBB.

Por isso, mais do que falar sobre o diálogo inter-religioso e ecumênico (que é algo de extrema importância), optamos por falar de *diálogo religioso*. A necessidade de um *diálogo religioso* impõe-se diante de um alinhamento de pessoas de diferentes credos – cristãos ou não – em favor de pautas que configuram um estado teocrático. Logo, precisamos nos perguntar pelos fundamentos da fé cristã e o que a mesma fé oferece como serviço à fraternidade no mundo.

A *Fratelli Tutti* nos oferece muitos caminhos de profícuo diálogo, mas elencamos três temas, sendo o primeiro deles a questão do *individualismo maquiado*.

O termo *individualismo* já gera em nós uma repulsa. Sua defesa nos traz um quê de arrogância, distúrbio social, dificuldades diversas; mas, e se a gente maquiar esse termo com a palavra *sucesso*? Sucesso é uma coisa que todos queremos, é algo bom, é algo que nos motiva para o melhor de nós mesmos. Mas, e se ele se tornar o único passaporte de aceitação social? O que faço comigo mesmo se não tenho essa condição de acesso e o que faço com os outros que não alcançaram esse sucesso? Falar de "maquiagem" de sucesso é a primeira forma de disfarçar o que pode nos causar repulsa. Não queremos a morte de ninguém, isso é repulsivo. Mas todos precisam de sucesso, entendido como reconstrução de um perfil que engloba uma quantidade de pessoa em um enquadramento social que determina o que é bom e necessário. Quem não se enquadra tem uma *sub-existência*. É sucesso sem compromisso social, sem respeito ao outro, sem solidariedade: apenas um discurso do mercado. Chega uma hora em que não dá mais para maquiar, não dá mais para disfarçar.

Quando o que foi estabelecido como falta de sucesso toca a pessoa em sua individualidade, ela se vê tentada a inclinar-se sobre si mesma, seu grupo, seus interesses mesquinhos (FT 166). Para se proteger, ela entende que pode *se armar* das mais diferentes formas. Uma dessas formas de se armar é a ideia de um Deus que está a serviço do meu bem-estar. É uma antiga visão de que Deus confirma seus eleitos com sucesso, preferencialmente de ordem econômica. Trata-se da tão conhecida *teologia da prosperidade*. São muitos os nomes que essa visão traz consigo. O teólogo Cláudio de Oliveira Ribeiro nos oferece algumas

> sob o nome de Teologia da Prosperidade – correndo o risco de simplificações – podemos agrupar visões religiosas como a "Confissão Positiva" (não aceitação da fragilidade humana), o "Rhema" (poder direto de Deus concedido pessoalmente aos crentes), a "Batalha Espiritual" (deslocamento religioso para explicações dos projetos históricos) e a "Vida na Bênção" ou "na Graça" (transferência da escatologia para a vida terrena)[15].

Nessa perspectiva, o Deus de Jesus, que é o "Pai Nosso", torna-se o "Pai de alguns". Os outros que fracassaram são diminuídos, pois não tiveram fé o suficiente, o plano de Deus era outro, estão pagando pecados de seus descendentes etc. A constante é que para todas as pessoas que não alcançaram sucesso temos um discurso religioso que não é o que encontramos, por exemplo, na multiplicação dos pães, sinal presente nos quatro Evangelhos, que nos fala do querer divino que todos alcancem plenitude de vida, sinalizado no pão dado por Jesus.

Logo podemos, com o Papa Francisco, dizer que

> O individualismo não nos torna mais livres, mais iguais, mais irmãos. A mera soma dos interesses individuais não é capaz de gerar um mundo melhor para toda a humanidade. Nem pode preservar-nos dos tantos males que se tornam cada vez mais globais. Mas o individualismo radical é o vírus mais difícil de vencer. Ilude. Faz-nos crer que tudo se reduz a deixar a rédea solta às próprias ambições, como se, acumulando ambições e seguranças individuais, pudéssemos construir o bem comum (FT 105).

A construção do "bem comum" é a primeira prerrogativa da política, que é o segundo elemento importante que queremos destacar.

É bem verdade que estamos falando de política em todo o nosso artigo, mas, especificamente aqui, queremos pontuar de modo objetivo sobre a necessidade de resgatar

---

[15] RIBEIRO, A teologia da libertação morreu?, p. 13.

a importância da política, como paradigma de diálogo em função da fraternidade.

Novamente, damos a palavra ao Papa Francisco que insiste em dizer que

> Atualmente, muitos possuem uma noção ruim de política, e não se pode ignorar que frequentemente, por trás desse fato, estão os erros, a corrupção e a ineficiência de alguns políticos. A isso se juntam as estratégias que visam enfraquecê-la, substituí-la pela economia ou dominá-la por alguma ideologia. Contudo, poderá o mundo funcionar sem política? Poderá encontrar um caminho eficaz para a fraternidade universal e a paz social sem uma boa política? (FT 176).

Sendo assim, a política é uma ferramenta eficaz em favor da fraternidade e da paz, mas, como havia dito na *Laudato Si'*, não pode estar submetida aos interesses da economia (cf. LS 189; FT 177).

É fácil saber do que o Papa está falando quando lembramos que, em nome da economia que não pode parar, em tempos em que o COVID-19 mais estava ocasionando a morte de milhões de brasileiros, as pessoas eram incentivadas a relativizar as normas sanitárias. Pessoas podem morrer, a economia deve ficar intacta. Isso é uma forma de idolatria.

A idolatria não é uma atitude simplista de ficar ajoelhado diante de qualquer obra criada por mãos humanas. Consiste em absolutizar o finito, tratar algo criado pelo ser humano como um bem último, como se fosse uma realidade que exige uma entrega ilimitada de tudo o que é humano[16].

A entrega ilimitada de nossa humanidade a essas realidades criadas, elevadas ao nível de absolutas, é característica mais evidente de que estamos diante de um ídolo. Desde o Antigo Testamento já temos denúncias contra

[16] SESBOÜÉ, Bernard. *O homem, maravilha de Deus*. Ensaio de antropologia cristolótica. São Paulo: Paulinas, 2021, p. 382.

cultos idolátricos que exigiam sacrifícios humanos, como os cultos a Baal, Moloch e muitos outros[17].

Uma imagem muito interessante tirada do universo religioso hindu está relacionada ao ídolo Juggernaut e seu culto. Esse ídolo era carregado em procissão num carro com enormes rodas de ferro, por isso pesadíssimas. Enquanto o cortejo ia acontecendo, seus sacerdotes jogavam pessoas como vítimas ao ídolo para serem esmagadas por essas rodas em honra de Juggernaut[18].

Por mais monstruoso que esse culto seja, ele não está distante de nós. Basta, como exemplo, uma simples olhada no número de crianças e adolescentes negros e pobres que morrem no Brasil. E é contra essas formas idolátricas que o Papa Francisco vem alertando em seu magistério petrino. Ele não se esquiva de dizer que essa realidade imposta pela lei do mercado é perversa e que devemos nos mover em direção contrária a tudo isso o mais rápido possível, pois os danos são irreparáveis. O teor que um documento como a Exortação Apostólica *Laudate Deum* não deixa a menor sombra de dúvida que devemos mudar nosso modo de vida o mais rápido possível, converter-nos ao Deus revelado por Jesus Cristo.

O diálogo religioso nos leva a dizer que a política, como algo querido por Deus e que não pode ser pervertido em idolatria, é uma tarefa urgente a ser realizada e que conta com a reflexão bíblico/teológica das Igrejas Cristãs e outras religiões. Essa demanda não é uma infiltração comunista como muitos pensam, mas um meio de manter a integridade do ser humano em seu direito de prestar o culto a quem reconhece como verdadeiramente digno dessa ação.

---

17 LÖWY, Michael. Humanismo econômico e ecossocialismo. In: BRASILEIRO, Eduardo. et. al. (orgs.). *Transformações teológicas na América Latina*. Novos horizontes para a libertação. São Paulo: Paulus, 2023, p. 272.

18 LÖWY, Humanismo econômico e ecossocialismo, p. 272.

Por fim, elencamos como terceira questão dentro das necessárias demandas de diálogo religioso que é a questão da fome. Com certeza essa é uma das ofertas idolátricas que mais fere a dignidade humana e a glória de Deus.

Sobre esse assunto, José I. González Faus faz uma pontuação muito perspicaz, ao refletir sobre as diferentes mortes provocadas por violências e as mortes ocorridas pela fome e miséria:

> Podemos ficar obsessionados com as mortes por acidentes de trânsito, por atentados ou violência de gênero etc. Mas as mortes por fome não tiram o sono de ninguém nem levam ninguém a levantar a voz, apesar de serem, de longe, as mais numerosas e as mais evitáveis. Diante desta indiferença, a única coisa que cabe suspeitar é que isto se deve ao fato de que estas mortes por fome ou miséria começam por acusar-nos a nós mesmos, ao passo que as outras mortes não nos exigem tanto pessoalmente e podemos usá-las para acusar aos outros...[19]

É nessa perspectiva que o Papa Francisco, na *Fratteli Tutti,* não teme em dizer que a fome é criminosa, sendo a alimentação digna um direito inalienável a todas as pessoas (FT 189).

Esse tema foi tratado pela Campanha da Fraternidade de 2023. O texto-base nos traz um pronunciamento do Papa que vale a pena ser mencionado

> Afirmou o Papa Francisco, nas comemorações dos 75 anos da Organização das Nações Unidas para a Alimentação e a Agricultura (FAO): "Para a humanidade, a fome não é só uma tragédia, mas também uma vergonha. Em grande parte, é provocada por uma distribuição desigual dos frutos da terra, à qual se acrescentam a falta de investimentos no setor agrícola, as consequências das mudanças climáticas e o aumento dos conflitos em várias regiões do planeta. Por outro lado, descartam-se toneladas de alimentos. Diante

---

[19] FAUS, José I. González. *As 10 heresias do catolicismo atual.* Petrópolis: Vozes, 2015, p. 34-35.

> desta realidade, não podemos permanecer insensíveis ou paralisados. Somos todos responsáveis"[20].

No diálogo religioso, é necessário dizer que a fome é uma questão do pecado. Pecado pessoal, social e ecológico. Pecado porque é ir contra a vida[21]. Não somente contra a do outro, mas a própria vida de quem se nega a se envolver com essa questão, uma vez que aceitar a injustiça é a forma de fazer com que a violência sempre esteja à nossa espreita, é aceitar que ela possa se voltar contra nós mesmos.

A fome deveria ser assumida como uma das maiores contradições da Igreja, uma vez que o ponto alto de sua autocompreensão se dá na Eucaristia. Jesus se faz alimento verdadeiro para a humanidade. Crer nisso, implica o horror de cada cristão à realidade da fome. Deveria ser, de fato, algo jamais questionada a ação de dar alimento a quem quer que seja. E condenar, qualquer pessoa envolvida nessa perspectiva, deveria ser uma abominação. Como posso estender as mãos diante do pão eucaristizado e condenar alguém como o Pe. Júlio Lancellotti?

Com essas perspectivas de um documento do Magistério vivo da Igreja é que queremos nos colocar *sob a proteção* da Virgem Maria, nossa mãe. Companheira na construção de um mundo novo, sinal escatológico de que todo o universo está sob o poder do Espírito Santo e que, por isso, devemos manter firme nossa esperança.

2. Perspectivas mariológicas a partir da *Fratteli Tutti*

Na Carta Encíclica *Fratteli Tutti,* encontramos uma referência a Maria apenas duas vezes. Mas nessas duas vezes o Papa Francisco toca na questão da maternidade

[20] CONFERÊNCIA NACIONAL DOS BISPOS DO BRASIL. *Campanha da Fraternidade 2023*: texto-base. Brasília: Edições CNBB, 2022, n. 6.

[21] MAGGI, Como ler o Evangelho e não perder a fé, p. 128.

de Maria. Uma maternidade que a Igreja deve imitar (FT 276) e uma maternidade universal (FT 278).

A maternidade de Maria apresentada de forma universal diante da cruz e refletida em sua relação com a Igreja é tema fundamental da mariologia que se desdobra em várias revisões a serem feitas, sobretudo no âmbito da espiritualidade popular em sua relação com a política.

Sobre a maternidade universal de Maria, diz a *Fratteli Tutti*:

> Para muitos cristãos, esse caminho de fraternidade tem também uma Mãe, chamada Maria. Ela recebeu junto da Cruz esta maternidade universal (Jo 19,26) e cuida não só de Jesus, mas também do "restante dos filhos dela" (Ap 12,17). Com o poder do Ressuscitado, ela quer dar à luz um mundo novo, onde todos sejamos irmãos, onde haja lugar para todos os rejeitados de nossas sociedades, onde resplandeçam a justiça e a paz (FT, 278).

Trilhar o caminho da fraternidade exige perseverança, exige, sobretudo, fé. E nesse caminho que tantas vezes é assediado pelas mais diferentes tentações, podemos contar com uma mãe que dada e acolhida pela figura do discípulo tem sua maternidade estendida a todas as pessoas. Maria é dada a todos nós não como uma posse, mas como companheira de caminhada.

Lembremos que depois do momento em que Maria recebe o discípulo amado como filho e este a acolhe em sua casa (Jo 19,26-27), não encontramos mais sua presença na narrativa evangélica de João. Não vemos Maria recebendo o cadáver de seu filho ou indo ao sepulcro para chorar um morto. Ela "estava de pé" (Jo 19,25) e assim permaneceu no desenrolar daqueles fatos. Maria segue seu filho que, mesmo morto na cruz, é o Vivente. Sequer necessita de aparições, pois crê "embora sem ter visto" (Jo 20,19).[22]

---

[22] MAGGI, A loucura de Deus, p. 177.

Sendo Maria esse grande farol de esperança podemos dizer que a Igreja também é esse farol em sua essência. Isso porque, em virtude dos méritos de Cristo, Maria é modelo da Igreja, de modo que, na teologia patrística, pode-se dizer que "Maria significa Igreja"[23].

A forma como o Papa Francisco nos diz que "Maria significa Igreja" na *Fratteli Tutti* é um convite de persistência no caminho, uma vez que

> [...]. A Igreja é uma casa com as portas abertas, porque é mãe". E como Maria, a Mãe de Jesus, "queremos ser uma Igreja que serve, que sai de casa, que sai dos seus templos, que sai de suas sacristias, para acompanhar a vida, sustentar a esperança, ser sinal de unidade [...] para construir pontes, abater muros, semear reconciliação (FT 276).

O desafio lançado é que sob, a luz de Maria-Igreja, devemos "construir pontes, abater muros, semear reconciliação". Para atender a esse desafio, propomos nos debruçaremos sobre três propostas de revisão dentro da espiritualidade popular mariana, mantendo nossas raízes na seiva da Tradição. Como o primeiro desafio, vejamos o movimento da história da devoção mariana na América Latina.

Maria: de conquistadora à mãe da libertação

Não podemos pensar a colonização da América Latina sem dizer que, juntamente com os portugueses e espanhóis veio a devoção mariana. Algo que aparentemente é muito bom. É nossa querida mãe vindo à nossa terra. Mas quando lembramos que essa devoção viera atrelada a pessoas como Cortés, Pizarro e Alvarado, conquistadores cuja memória histórica guarda práticas de crueldade, o

[23] ISIDORO DE SEVILHA, Algumas alegorias das Sagradas Escrituras, 137 C. In: PL 83, 117.

escândalo e a vergonha se sobressaem a qualquer expectativa de edificação[24].

Hernan Cortés, por exemplo, levava no peito a imagem de Nossa Senhora presa numa corrente de ouro, rezava todas as manhãs e afirmava ter a Virgem Maria como sua advogada[25].

Em nosso território, hoje denominado Brasil, o almirante Pedro Álvares Cabral trouxe em sua embarcação duas imagens da Virgem Maria, a saber, um quadro de Nossa Senhora da Piedade e uma imagem de Nossa Senhora da Esperança[26].

Em momento algum consideramos que esses sinais de devoção que desembarcaram em nossa América Latina são ruins e, por isso, devem ser desprezados. Longe disso. A questão é que encontramos uma imagem de Maria como "conquistadora", ao lado dos conquistadores, dos europeus, da "coroa e da cruz" que vieram para impor um império, massacrando tudo o que se opunha aos seus interesses. Desse modo, se temos uma compreensão de Maria a favor dos conquistadores temos, portanto, em contrapartida uma imagem da mãe de Jesus contra os nativos.

É essa a imagem de Maria que se celebra em muitos locais, hoje, traduzidas em interpretações mais evangélicas, evidentemente, contudo recordando a vitória de portugueses e espanhóis contra os indígenas revoltados contra a invasão e o massacre de seu povo. É o que vemos em vários títulos marianos do tempo colonial como, por exemplo, Nossa Senhora da Vitória ou do Triunfo.

A belicosidade dos conquistadores é transferida à Virgem Maria e vai deitando raízes no imaginário popular. Tanto que no período das lutas pela independência diante

---

[24] BOFF, Clodovis Maria. *Mariologia social.* São Paulo: Paulus, 2006, p. 292.

[25] DORADO, Antonio Gonzalez. *Mariologia popular latino-americana.* São Paulo: Loyola, 1992, p. 33.

[26] BOFF, Clodovis M. *Maria na cultura brasileira.* Aparecida, Iemanjá e Nossa Senhora da Libertação. Petrópolis: Vozes, 1995, p. 12-13.

das cortes europeias serão dadas à mãe de Jesus honras militares. Por exemplo, depois da batalha de Tucuman, é conferida a Nossa Senhora das Mercês, o título de "Generala do Exército"[27].

Maria, contudo, é um dom que vem de Deus. Sobre sua imagem são projetadas nossas visões de mundo nem sempre evangélicas, mas, enquanto dom de Deus, não é posse de um determinado grupo; não está do lado de um povo e contra outro. Por isso que, em sinais do Espírito, como as aparições de Maria a Juan Diego (Guadalupe – México), como no rosto mestiço de Nossa Senhora da Copacabana (Bolívia) e como no encontro de sua imagem nas águas do rio Paraíba do Sul (Aparecida – Brasil), vemos sua opção por todos, afinal sua maternidade é universal, mas que goza de um apreço particular pelos pobres, traz o sinal da opção pelos pobres.

E a genuína espiritualidade popular mariana vai despindo a Virgem santíssima dos seus adereços eurocêntricos, bélicos, elitistas e vai se encontrando com sua "maternidade universal". Se o povo coloca sobre a cabeça de Maria uma coroa, não está dizendo que tem uma rainha como as de Portugal e Espanha. É o contrário. Se a colonização nos trouxe imagens de rainhas que não estão investidas do arquétipo materno, caracterizado pelo cuidado, pela ternura, por nutrir e amparar os pequenos, Deus mesmo nos dá uma rainha, que é nossa mãe, que é parecida com nosso povo, até no tom da pele e no jeito de falar. Ela, sim, deve ostentar uma coroa, deve ser chamada de *Nossa Senhora*.

Desse modo, o Espírito Santo, que guia a espiritualidade popular mariana, coloca-nos em outra perspectiva. Não é a "Conquistadora eurocentrada", mas a mãe e rainha que constrói pontes humanizadoras. Nessa perspectiva,

---

[27] DORADO, Mariologia popular latino-americana, p. 54.

devemos lançar nosso olhar a uma situação que, minimamente, é embaraçosa: famosa batalha de Lepanto.

A batalha de Lepanto aconteceu em 7 de outubro de 1571, nas águas de Lepanto, no Golfo de Patras, mar Jônico, em que uma insignificante frota cristã, sob o comando de João da Áustria, venceu a frota turca, mais forte e numerosa. Dada essa vitória, o Papa Pio V incluiu na Ladainha Lauterana a invocação de Maria como "Auxílio dos cristãos"[28].

Essa perspectiva bélica jamais deveria ser aplicada à devoção mariana, pois dizer que a Mãe de Jesus é o "auxílio dos cristãos" nesse contexto é o mesmo que dizer que Maria é a "maleficência dos muçulmanos". É atribuir insensibilidade a Maria que não se importa com as vidas perdidas de pessoas que não professam a fé cristã. Jamais poderíamos fazer essa mistura, jamais podemos dizer isso de Maria.

Primeiramente, porque a guerra é um mal em si mesmo. O Papa nos diz isso na *Fratteli Tutti* ao afirmar que

> Toda guerra deixa o mundo pior do que encontrou. A guerra é um fracasso da política e da humanidade, uma rendição vergonhosa, uma derrota diante das forças do mal (FT 261).

Logo, é muito importante quando, no encontro do Papa Francisco com o Grande Imã Ahmad Al-Tayyeb, ambos declaram que a incitação à guerra, ao ódio, à hostilidade, extremismo que terminam em derramamento de sangue são desvios dos ensinamentos, uma vez que Deus não precisa ser defendido (FT 285).

Tal declaração não denota desconhecimento do fato de que uma guerra nunca tem exclusivamente motivações estritamente religiosas. Tanto não tem que ambos terminam essa declaração dizendo também que Deus não

---

[28] VITTA, Fabio. Introdução. In: NEWMAN, John Henry. *Rosa mística*. Meditações sobre a Ladainha de Nossa Senhora. São Paulo: Cultor de Livros, 2016, p. 16.

deseja que seu nome seja usado para aterrorizar as pessoas (FT 285).

Na batalha de Lepanto, tanto o nome de Deus, entendido como o apropriado pelos cristãos, como o nome de Maria, foram usados para aterrorizar os muçulmanos e para apaziguar as mentes numa compreensão de que guerra e mortes são coisas normais.

Permitir que a batalha de Lepanto não passe pelo crivo da crítica é transformá-la numa silenciosa aprovação para qualquer forma de violência contra os que ferem os princípios cristãos. Podemos achar que é permitido, ou que se deve silenciar, diante de um terreiro que é incendiado, pois as pessoas que o frequentam não podem gozar do título de cristãos. Podemos ser contra o aborto (e indiscutivelmente somos contra o aborto), e, estranhamente, não se importar com o estupro de menores e todo o feminicídio que assola o Brasil. Ou seja, permitimos contradições. Diante disso, é sensato que a batalha de Lepanto seja encarada como um fracasso político e humano (FT 261) dentro de um contexto global de hostilidade.

Outro aspecto que a crítica à batalha de Lepanto nos convida a pensar é no fato de que o islã guarda uma profunda reverência para com Maria. Segundo o Alcorão, Maria é uma mulher de fé, sem pecado, virgem, mãe de Jesus e profetiza[29].

No que se refere ao Alcorão, vale lembrar que a surata 19 recebe o nome *Maryam* e a surata 3 refere-se a seu pai *'Imrân,* tendo como título "A estirpe de *'Imrân*". Isso nos leva à conclusão de que, quantitativamente, o Alcorão fala mais de Maria do que o Novo Testamento. E fala bem, com deferência[30]. Tanto assim que

[29] DE FIORES, Stefano. *Maria sintese di valore.* Storia culturale della mariologia. Cinisello Balsamo: Edizioni San Paolo. 2005, p. 509.

[30] HAGEMANN, Ludwig. "Maria, Deus te escolheu" (Alcorão 3,42). Como o Islã entende Maria, a mãe de Jesus. CONCILIUM. *Os muitos rostos de Maria.* Petrópolis: Vozes, n. 327, 2008/ 4, p. 69-70 [533-534].

> O Alcorão protege expressamente Maria contra pretensas acusações dos judeus, que "contra Maria proferiram uma enorme calúnia" (Alcorão 4,156). Esta afirmação se volta, manifestamente, contra a afirmação de que Maria teria tido uma relação ilegítima, da qual Jesus teria nascido. Frente a isso, o Alcorão caracteriza expressamente Maria como uma mulher que se mantém casta (Alcorão 21,91; 66,12). A tradição canônica segue esta linha[31].

Dado o lugar de destaque de Maria no Alcorão, qualquer ideia de Maria como "maleficência dos muçulmanos" jamais teria o menor sentido. Não apenas para o islamismo, mas para qualquer aspecto social.

Dizemos isso porque acreditamos que Maria, compreendida como um ser humano realizado segundo os desígnios de Deus, congrega em sua pessoa elementos que nos apontam para um mundo melhor, para uma sociedade mais humanizada e capaz de não se perder em princípios egoístas. Queremos, assim, tratar da Imaculada Conceição de Maria como um signo do triunfo da graça das origens[32].

A tese de Clodovis Maria Boff é fundamental para a compreensão dos aspectos mariológicos da *Fratteli Tutti*, pois, de suas reflexões, destacamos a seguinte:

> A Imaculada é o símbolo de um poder que não é corrupto nem corruptor, e, portanto, de uma política libertada e libertadora em suas raízes mais profundas[33].

Tal afirmação é sustentada pelo lugar inaugural que a graça original ocupa em detrimento do pecado. Isso nos revela que a vocação de toda pessoa humana, com suas iniciativas em prol do bem comum (política) é a destinada ao triunfo da graça. Sendo Maria a testemunha por excelência da "predestinação" à graça como realidade mais radical ela é a expressão da possibilidade de que, mesmo

---

[31] HAGEMANN, "Maria, Deus te escolheu" (Alcorão 3,42), p. 75 [539].
[32] BOFF, Mariologia social, p. 507.
[33] BOFF, Mariologia social, p. 506.

que consideremos a política um "caso perdido", ainda há uma esperança. Quando tudo se entende marcado pela corrupção, Maria se destaca como o "paraíso preservado e reservado para toda a humanidade". Logo, Imaculada Conceição nos faz acreditar que é possível uma política honesta e dedicada ao bem comum porque, apesar do pecado, prevalece na humanidade sua predestinação à graça, como realidade mais radical[34].

Concordamos com o Papa Francisco, que nos averte para não cairmos na tentação de que, diante de uma noção ruim de política, ignoremos que é, justamente, esse o caminho eficaz para a construção da fraternidade universal e da paz social (FT 176). Sob o signo da Imaculada Conceição, cremos ser possível uma política sem o pecado originado do egoísmo.

O mundo precisa da política sob a ótica da Imaculada Conceição. Tal política tem como princípio o serviço ao bem comum que pode ser exercido sem se corromper pelo dinheiro. Ainda sob essa ótica, a política realiza-se como sublime vocação e como forma de caridade. Podemos não só sonhar com isso, mas fazermos política de um modo que prevaleça o bem comum (FT 180), uma vez que a Imaculada Mãe de Deus caminha conosco nessa estrada.

Conclusão

O desafio do *diálogo religioso,* quando se volta para a pessoa de Maria, tem como foco pensar uma mariologia aberta ao diálogo com as mais diferentes realidades. Essa mariologia aberta tem como uma das mais urgentes tarefas ser uma mariologia ecumênica.

O desenvolvimento teológico e devocional em torno de Maria nos indica o quanto é difícil falar de uma mariologia ecumênica nos dias de hoje. Isso porque o cristianismo

---

[34] BOFF, Mariologia social, p. 507.

desenvolveu "literaturas diferentes" (talvez o melhor seria dizer "divergentes") sobre a Mãe do Senhor. Essas diferenças não devem ser anuladas, mas devem nos ajudar a convergir sobre o que é essencial para o cristianismo no que tange à pessoa de Maria na história da salvação.

Nessa procura pelo essencial, um consenso alcançado é que, se tivermos que falar de uma mariologia ecumênica, ela deve ser essencialmente bíblica, entendendo Maria como nossa irmã na fé[35].

A partir desse núcleo essencial, percebemos que podemos refletir sobre Maria também no âmbito inter-religioso, pois estamos falando de uma mulher que viveu como uma verdadeira judia e é honrada no Islamismo.

Distanciando-nos um pouco desse núcleo, também encontramos a face de Maria, com outros matizes, no candomblé, no espiritismo e, até mesmo, no budismo. Maria não é dos católicos, nem dos cristãos. Ela é toda de Deus e, sendo toda de Deus, é construtora de pontes de diálogo.

Acreditamos que vivemos um momento em que, ainda não tendo alcançado uma mariologia ecumênica ou novos e significativos avanços no diálogo inter-religioso, Maria não pode ser considerada *causa de divisão*. Num passado mais recente, Maria foi tratada como um estandarte de divergentes e irreconciliáveis universos cristãos. Hoje, existem honestas e profundas aproximações teológicas em torno de Maria. Mas ainda temos muito a construir.

Seria terrível se aquela que é a testemunha privilegiada da encarnação ou uma viva imagem do arquétipo materno ficasse relegada a extravagâncias ou minimalismos.

A imagem de Maria para a política internacional, para uma nova Economia (a economia solidária construída da *Economia de Francisco e de Clara*), para o diálogo pela paz e acordos internacionais, traz consigo a face da

---

[35] BERTALOT, Renzo. *Ecco la Serva del Signore.* Una você protestante. Roma: Edizioni "Marianum", 2002, p. 112.

humanidade não contaminada pelas misérias humanas, mas destinada à superação de todo o ódio e de toda a divisão, pois ela traz consigo o rosto do ser humano novo (Puebla 298).

Referências bibliográficas

BERTALOT, Renzo. *Ecco la Serva del Signore.* Una voce protestante. Roma: Edizioni "Marianum", 2002.

BOFF, Clodovis M. *Maria na cultura brasileira.* Aparecida, Iemanjá e Nossa Senhora da Libertação. Petrópolis: Vozes, 1995.

BOFF, Clodovis Maria. *Mariologia social.* São Paulo: Paulus, 2006.

CONFERÊNCIA NACIONAL DOS BISPOS DO BRASIL. *Campanha da Fraternidade 2023*: texto-base. Brasília: Edições CNBB, 2022.

DE FIORES, Stefano. *Maria sintese di valore.* Storia culturale della mariologia. Cinisello Balsamo: Edizioni San Paolo, 2005.

DORADO, Antonio Gonzalez. *Mariologia popular latino-americana.* São Paulo: Loyola, 1992.

FAUS, José I. González. *As 10 heresias do catolicismo atual.* Petrópolis: Vozes, 2015.

FRANCISCO. *Carta Encíclica Laudato Si' sobre o cuidado da casa comum.* São Paulo: Paulinas, 2015.

FRANCISCO. *Carta Encíclica Fratelli tutti sobre a fraternidade e a amizade social.* São Paulo: Paulinas, 2020.

FRANCISCO DE ASSIS. *Admoestações.* In: TEIXEIRA, Celso Márcio. *Fontes Franciscanas e clarianas.* Petrópolis: Vozes, 2004.

GASDA, Élio. Trabalho e humanismo. In: BRASILEIRO, Eduardo. et. al. (orgs.). *Transformações teológicas na América Latina.* Novos horizontes para a libertação. São Paulo: Paulus, 2023.

HAGEMANN, Ludwig. "Maria, Deus te escolheu" (Alcorão 3,42). Como o Islã entende Maria, a mãe de Jesus. CONCILIUM. *Os muitos rostos de Maria.* Petrópolis: Vozes, n. 327, 2008/ 4.

HALÍK, Tomás. *O entardecer do cristianismo.* A coragem de mudar. Petrópolis: Vozes, 2023.

ISIDORO DE SEVILHA. Allegoriae quaedam sacrae Scripture. In: MIGNE, J-P (Ed.). *Opera Omnia.* [Paris]: Migne, 1862, col. 97-128. (Patrologia Latina, 83).

LÖWY, Michael. Humanismo econômico e ecossocialismo. In: BRASILEIRO, Eduardo. et. al. (orgs.). *Transformações teológicas na América Latina.* Novos horizontes para a libertação. São Paulo: Paulus, 2023.

MAGGI, Alberto. *Como ler o Evangelho e não perder a fé.* São Paulo: 2013.

MAGGI, Alberto. *A loucura de Deus.* O Cristo de João. São Paulo: Paulus, 2013.

MILLEN, Maria Inês de Castro. A cultura do ódio. In: TRASFERETTI, José Antonio; ZACHARIAS, Ronaldo (orgs.). *Ternura.* Uma abordagem ético-teológica. São Paulo: Paulus, 2023.

RIBEIRO, Cláudio de Oliveira. *A teologia da libertação morreu?* Reino de Deus e espiritualidade hoje. São Paulo: Fonte Editorial, 2010.

SESBOÜÉ, Bernard. *O homem, maravilha de Deus.* Ensaio de antropologia cristolótica. São Paulo: Paulinas, 2021.

TEIXEIRA, Celso Márcio. *Franciscanismo.* Estudos e reflexões. Belo Horizonte: Gráfica do Colégio Santo Antônio, 2019.

VITTA, Fabio. Introdução. In: NEWMAN, John Henry. *Rosa mística.* Meditações sobre a Ladainha de Nossa Senhora. São Paulo: Cultor de Livros, 2016.

III

A IGREJA "EM SAÍDA" À LUZ DO *MAGNIFICAT*: A PASTORAL DA IGREJA QUE EMERGE DO *MAGNIFICAT*

Vinícius da Silva Paiva[1]

Introdução

A floresta amazônica é exuberante. Dentre as milhares de árvores que compõem a floresta, uma chama a atenção pelo tamanho e grandiosidade de seu porte: uma Angelim-vermelho, de aproximadamente 400 anos de existência, descoberta recentemente na divisa entre o Amapá e o Pará. A maior árvore da Amazônia tem 10m de circunferência e quase 89m de altura, o que equivale a um prédio de 30 andares. Qualquer um que se aproxime de uma gigantesca árvore, como essa, não conseguirá ver com clareza sua copa, mas tão somente seu grandioso e imponente tronco. Ainda assim seria uma imensa satisfação poder tocá-lo. Este é o objetivo deste capítulo: "tocar" no caule da Igreja, perceber sua vitalidade e intuir sua longevidade. Uma Igreja que se enraíza na terra e cresce

[1] Leigo, pai de família, Fundador do Movimento Cenáculo de Caná. Economiário, com especialização em Gestão de Pessoas, e MBA em Transformação digital. Bacharel em Teologia, com especialização em Mariologia e Doutrina Social da Igreja. Professor na Pós-Graduação de Mariologia e assessor teológico da Academia Marial de Aparecida. Mestre e doutorando bolsista CAPES pela PUCRS.

para o céu, que a todos oferece abrigo e sustento, sempre à luz de Cristo. Ao olharmos para Maria e seu *Magnificat* (Lc 1,46-55) falaremos da Igreja "em saída" e de seu desafio pastoral e missionário. A mariologia do Papa Francisco nos inspira a amar a Igreja por meio da contemplação do cuidado maternal da Virgem Maria.

Refletir sobre a Igreja no século XXI é deparar-se com essa grande árvore, germinada há séculos pelo Espírito em solo latino-americano, da qual todos somos frutos do evangelho encarnado de Cristo. Seria pretensão achar que podemos simplesmente conhecê-la por completo ou defini-la em poucas linhas, ignorando sua fascinante e complexa história. Nossa comprovada pequenez defronte a tão grande tronco exige a humildade de reconhecer que estamos diante de uma beleza engendrada por séculos e formada pelas histórias de vida de tantas mulheres e homens que nos precederam na contemplação desse mistério. Sem essa disposição discipular pouco se avança na teologia e/ou na pastoral. Sem essa iluminação interior quase nada enxergamos desse "grande mistério", que é a relação de Cristo com a Igreja (cf. Ef 5,32). Talvez tenha sido essa a intenção do Concílio Vaticano II ao declarar logo no início da *Lumen Gentium* que tudo tem origem na radiante luz de Cristo:

> Cristo é a luz dos povos. Por isso, este sagrado Concílio, congregado no Espírito Santo, deseja ardentemente que a luz de Cristo, refletida na face da Igreja ilumine todos os homens, anunciando o Evangelho a toda criatura (cf. Mc 15,15) (LG 1).

Assim como a árvore depende da fotossíntese para sobreviver, assim também a Igreja necessita realizar sua "síntese de luz" permitindo-se iluminar por Cristo para só então iluminar a humanidade. Na fotossíntese vegetal ocorre o fenômeno da transformação da energia luminosa em energia química. Na "fotossíntese da Igreja" algo semelhante acontece: a Teologia transforma-se em luz pastoral, mas também a pastoral ilumina e transforma a Teologia. A Igreja é viva porque nela brilha a luz do Cristo vivo. Através do caule passa, ininterruptamente, dois tipos de seiva: a seiva bruta, que vai da raiz às folhas, levando água e sais minerais; e a seiva elaborada, que vai das folhas a toda planta, levando material orgânico – vida! É nas folhas que a fotossíntese acontece, é no meio do povo, na vida pastoral, que a luz de Cristo brilha e a todos transforma.

A analogia do caule nos aproxima do grande mistério luminoso que é Cristo entre nós. Além de sustentar a planta e transportar as seivas, é do caule que brotam os ramos e a ele se aplicam as palavras de Jesus: "Eu sou a videira e vós os ramos. Aquele que permanece em mim e eu nele produz muito fruto; porque, sem mim, nada podeis fazer" (Jo 15,5). Dentro do grande projeto que foi refletir sobre a mariologia do Papa Francisco, coube a mim abordar a temática da Igreja "em saída" tomando por base o *Magnificat* para propor "pistas" pastorais que nos ajudem a superar a atual divisão que vemos não só na Igreja, mas também no mundo como um todo. Uma árvore cortada é uma árvore morta. Tudo está interligado e sem essa "conexão vital" o ser humano desaparece. Usaremos uma linguagem simples e acessível e a reflexão está organicamente disposta em três partes: o canto, a missão e a pastoral da Igreja "em saída".

1. O canto da Igreja "em saída"

Nesta primeira parte, vale dizer que foi esse o título de minha dissertação de mestrado em Teologia Sistemática: "O canto da Igreja 'em saída': uma releitura da *Evangelii Gaudium* à luz do *Magnificat*". E muito do que digo aqui, de forma resumida, encontra-se mais bem explicado na pesquisa.[2] O *Magnificat* talvez seja o texto evangélico mais lido e proclamado pela Igreja ao longo dos séculos, não só porque se refere a Maria, mas principalmente porque diz muito sobre a própria Igreja. Uma das questões que procuramos responder com a pesquisa é bem simples: quem compôs o *Magnificat* e porque o evangelista Lucas o coloca nos lábios da menina de Nazaré?

Na opinião do renomado sacerdote biblista Raymond Brown (1928-1998), o *Magnificat* é um canto soteriológico oriundo da primeira comunidade judaico-cristã de Jerusalém e inspirado na experiência de fé dos *anawim*, os "pobres" de Israel.[3] O conceito de *anawim* engloba todos aqueles que confiam e esperam de Deus a salvação: os pobres, os humilhados, os doentes, os que sofrem pela opressão social e religiosa, os órfãos e as viúvas que dependem de ajuda para sobreviver. Não se trata de um grupo social organizado, mas de um estilo de vida, um jeito de crer e esperar. Por isso cada versículo do canto transborda esperança e profetiza salvação. A inspiração do evangelista Lucas foi, provavelmente, fazer desses versos uma "síntese de luz" a respeito da fé de Israel e do cumprimento da promessa messiânica em Jesus Cristo.

Uma imagem que nos ajuda a compreender a composição do *Magnificat* é a do "mosaico". Algumas partes do canto já aparecem no Antigo Testamento no cântico de Ana (1Sm 2,1-10) e se inspiram no hino da vitória cantado por Moisés e pelo povo de Israel após a passagem pelo Mar Vermelho (Ex 15,1-18.21). Outras partes dizem respeito diretamente a Maria e à obra que Deus realizou por meio dela na história da salvação: "Doravante as gerações todas me chamarão de bem-aventurada, pois o

---

[2] A dissertação encontra-se disponível em https://tede2.pucrs.br/tede2/handle/tede/10766.

[3] BROWN, R. O *nascimento do Messias: comentários das narrativas da infância nos evangelhos de Mateus e Lucas*, p.418-423.

Todo-poderoso fez grandes coisas em meu favor" (Lc 1, 48b-49a). Resta claro que não foi Maria que compôs o canto do *Magnificat,* mas certamente o cantou, quer seja com os lábios (de uma única vez) ou com a vida, cotidianamente vivendo e testemunhando cada verso ali anotado pelo evangelista. Um mosaico é feito de pedaços e partes aparentemente desconexas, mas quando reunidas e contempladas à distância, revelam a beleza da obra e a genialidade do artista. O autor do *Magnificat* é o próprio Espírito de Deus, que profetizou a salvação na história de Israel pela boca dos profetas e a proclamou pela vida de Maria de Nazaré por meio do testemunho da Igreja nascente.

Quando falamos de Igreja nascente, estamos nos referindo aos apóstolos e aos primeiros discípulos de Jesus Cristo, aqueles que, juntamente com Maria, a mãe de Jesus, e outras mulheres, compunham a primeira comunidade cristã (cf. At 1,14), sobre a qual desceu o Espírito Santo (cf. At 2,4), inaugurando o tempo da Igreja: tempo das portas abertas e não mais das portas fechadas (cf. Jo 20,19). Esse tempo perdura até hoje, pois a salvação trazida por Cristo deve chegar a todas as gerações (cf. Lc 1,48) e o anúncio do Evangelho até os confins do mundo (cf. At 1,8). Sendo Lucas autor, tanto de seu evangelho quanto do livro de Atos dos Apóstolos, é bem razoável que busquemos compreender o *Magnificat* à luz da experiência de fé da comunidade primitiva, uma comunidade marcada pela forte presença do Espírito Santo e por uma efusiva evangelização. Pentecostes é a primeira "saída" da Igreja. O *Magnificat,* na boca de Maria, é testemunho de uma comunidade que fez uma experiência com o Ressuscitado e compreendeu que a promessa é para todos aqueles que estão longe e que o Senhor quiser chamar (cf. At 2,39).

Ao afirmamos que o *Magnificat* é o canto da Igreja "em saída" dizemos com isso que os primeiros cristãos enxergavam em Maria não apenas a mãe do Ressuscitado, mas também a perfeita discípula, aquela que expressou com seu "sim" a vitória de Deus sobre os orgulhosos, a vitória dos humildes, dos *anawim* que acolheram a palavra redentora do Messias. O *Magnificat* fala mais da Igreja do que de Maria. O canto revela uma Igreja ainda não polarizada, onde louvor e profecia são conjugados de forma uníssona e inequívoca. A Igreja que glorifica é a mesma que anuncia a chegada do Reino de Deus. Não se trata de escolher uma parte do canto ou um apenas um lado da moeda. É preciso coragem para profetizar, com Maria e com a Igreja, a derrubada dos poderosos e a exaltação dos humildes. Mas isso sem renunciar à vocação doxológica, pois "Ele nos predestinou para sermos seus filhos adotivos por Jesus Cristo, conforme o beneplácito de sua vontade, para o louvor e a glória de sua graça" (Ef 1,5-6a).

Louvor

Uma das categorias teológicas mais importantes para o Papa Francisco é o "transbordamento". Disso falaremos mais à frente quando abordarmos a questão pastoral. No entanto, pouca gente sabe que, biblicamente falando, esse "transbordamento" já pode ser observado no canto do *Magnificat*. E quem muito nos ajudou nessa contemplação foi Martim Lutero. Diferentemente do que muitos pensam, Lutero sempre nutriu um grande amor e respeito pela Virgem Maria, chegando a desejar: "Queira essa doce mãe de Deus conquistar para mim o espírito capaz de interpretar de forma proveitosa e profunda este cântico".[4] E, de fato, quando o duque João Frederico da Saxônia pediu a Lutero orientações para governar cristãmente, ele não hesitou em lhe oferecer uma reflexão sobre o *Magnificat* enquanto testemunho e louvor de Maria.

[4] LUTERO, M. *Magnificat: o louvor de Maria*, p. 17.

Uma das comparações utilizadas por Lutero para descrever o "louvor" de Maria é a da água fervente:

> Exatamente como água quente derrama e espuma quando ferve, porque não pode conter-se mais por causa do calor elevado na panela. Assim também são todas as palavras da bem-aventurada virgem neste cântico. São poucas e, mesmo assim, profundas e grandes.[5]

Lutero nos faz pensar na disposição interior de Maria ao proclamar o *Magnificat*, ou, se quisermos, na dinâmica eclesial dos primeiros cristãos, que "louvavam a Deus e gozavam da simpatia de todo o povo" (At 2,47a). Louvor e alegria estão presentes desde o início na vida da Igreja e também de forma incisiva na narrativa lucana da visitação (Lc 1,39-45). Quando, no início do *Magnificat*, Maria "exulta" em Deus (cf. Lc 1,47), o verbo utilizado pelo evangelista é *agallian*, o mesmo usado para expressar o estremecimento de alegria que Isabel sentiu em seu ventre com a saudação de Maria (cf. Lc 1,44). E também o mesmo atribuído a Jesus quando do retorno dos discípulos após a primeira missão: "Ele exultou de alegria sob a ação do Espírito Santo e disse: 'Eu te louvo, ó Pai, Senhor do céu e da terra, porque ocultastes essas coisas aos sábios e entendidos, e as revelastes aos pequeninos" (Lc 10,21). Maria é a pequenina de Deus por excelência, aquela que experimentou em si o transbordamento da graça do Altíssimo (cf. Lc 1,28.30.35).

Para Clodovis Boff, o *Magnificat* é a "alegria mais pura que jorra do profundo da Virgem (espírito) e transborda sobre todo o seu ser (alma) fazendo seu coração explodir no louvor".[6] A imagem da água fervente na panela implica reconhecer que não há verdadeira evangelização, sem antes uma autêntica experiência espiritual. Não basta

---

[5] LUTERO, M. *Magnificat: o louvor de Maria*, p. 63-64.

[6] BOFF, C. *Mariologia Social: o significado da Virgem para a sociedade*, p. 336.

receber o Espírito de Deus, é preciso deixar que Ele nos faça transbordar do amor de Deus (cf. Rm 5,5), transbordar de compaixão pelos que sofrem e colocar a vida a serviço dos mais necessitados. Essa é a experiência da Igreja primitiva: "não havia necessitados entre eles" (cf. At, 4,34). Ao colocar o *Magnificat* na boca de Maria no momento de seu encontro com Isabel, o evangelista retrata sua própria comunidade de fé, que é, ao mesmo tempo, comunidade carismática e profética: aberta aos carismas do Espírito e à libertação operada pelo evangelho de Cristo.

Profecia

Há um duplo movimento no *Magnificat*: pessoal e comunitário. O primeiro movimento é de louvor, do coração que se volta para Deus e reconhece suas maravilhas, portanto, é um movimento para o alto, para o Altíssimo. O segundo movimento é o de saída para o mundo: movimento profético de anúncio do Reino de Deus. A dispersão dos soberbos, a derrubada dos poderosos e a despedida dos ricos de mãos vazias (cf. Lc 1,51-53) é como a seiva elaborada que circula pela árvore: resultado da experiência que se fez com o Ressuscitado. No contexto da Igreja primitiva não havia ruptura entre alegria e profecia, entre louvor carismático e compromisso profético.

É comum vermos interpretações reducionistas do *Magnificat*. Uns consideram Maria como modelo de vida carismática, outros como uma profetiza da libertação. O reducionismo não está nessas afirmações, mas na pretensão de se rotular e polarizar a experiência de Maria e da Igreja. O *Magnificat* é o canto de uma Igreja inserida no mundo, comprometida com os valores do Evangelho, uma Igreja que anuncia e denuncia, que não espera trancada no Cenáculo, mas que sai apressadamente ao encontro de todos os seus filhos dispersos pelo mundo inteiro. Para que isso aconteça, necessita ser uma Igreja renovada e aberta ao dinamismo do Espírito. É preciso ferver a água! É preciso escutar o que é dito à Igreja de Laodiceia: "Recobra, pois, o fervor e converte-te" (Ap 3,19). Não há louvor sem fervor, não há evangelização sem compaixão e amor.

No *Magnificat*, a alegria messiânica e a denúncia profética estão conectadas a um único agir salvífico de Deus na história, porque "a porta da libertação social e histórica só se abre bem quando assentada sobre o pivô da salvação espiritual e escatológica".[7] É difícil para nós no século XXI compreendermos como isso era vivido pelos primeiros cristãos. Um sacerdote alemão, perito do Concílio Vaticano II, chamado Heribert Mühlen, cunhou uma expressão bastante interessante: ele disse que a Igreja primitiva fez, no Espírito, uma "experiência social de Deus".[8] O que significa isso? Na opinião de Mühlen, significa passar do "eu" para o "nós", superar uma espiritualidade individualista, centralizada no sujeito, para descobrir a beleza de um "nós" comunitário.[9]

Maria, no *Magnificat*, não profetiza em seu nome, mas em nome de seu povo. Ela não fala de si, mas sobre o que Deus realizou em favor de sua gente. Mesmo quando reconhece sua bem-aventurança (cf. Lc 1,48), o faz na perspectiva intergeracional, ou seja, em vista das comunidades eclesiais de todos os tempos. Por isso, podemos afirmar sem medo que "a comunidade lucana, enquanto primeira destinatária de seu evangelho, encontrou nas palavras e na figura de Maria o encorajamento necessário para empreender uma evangelização encarnada, com alegria evangélica e compromisso profético".[10] Nos primórdios, o cristianismo conjugava tanto o vigor carismático quanto a

---

[7] BOFF, C. *Mariologia Social: o significado da Virgem para a sociedade*, p. 322.

[8] MÜHLEN, H. *Carisma, Espírito, libertação: fé cristã renovada*, p. 49.

[9] MÜHLEN, H. *Carisma, Espírito, libertação: fé cristã renovada*, p. 6.

[10] PAIVA, V. *O canto da Igreja "em saída": uma releitura da Evangelii Gaudium à luz do Magnificat*, p. 45.

diaconia social[11] e não se tratava de escolher entre um ou outro, mas de testemunhar de forma profética o poderoso amor de Deus experimentado com a vinda do Messias.

2. A missão da Igreja "em saída"

O pontificado de Francisco trouxe novos ares à evangelização da Igreja. O cardeal Jorge Mario Bergoglio havia coordenado a comissão de redação do Documento de Aparecida. A V Conferência Geral do Episcopado Latino-Americano e do Caribe (13-31 de maio de 2007) deu uma grande contribuição à Igreja latino-americana ao propor um permanente estado de missão, convocando todos os discípulos missionários de Cristo:

> Não podemos deixar de aproveitar essa hora de graça. Necessitamos de um novo Pentecostes! Necessitamos sair ao encontro das pessoas, das famílias, das comunidades e dos povos para lhes comunicar e compartilhar o dom do encontro com Cristo, que tem preenchido nossa vidas de "sentido", de verdade e de amor, de alegria e de esperança! Não podemos ficar tranquilos em espera passiva em nossos templos, mas é urgente ir em todas as direções para proclamar que o mal e a morte não têm a última palavra, que o amor é mais forte, que fomos libertos e salvos pela vitória pascal do Senhor da história, que Ele nos convoca em Igreja, e quer multiplicar o número de seus discípulos na construção de seu Reino em nosso Continente (DAp 549)!

São palavras que nos enchem de coragem e que certamente permaneceram vivas no coração do cardeal Bergoglio. Ao ser eleito papa, muito do que foi discutido e proposto em Aparecida ressurgirá em sua Exortação Apostólica *Evangelii Gaudium* (2013), principal documento de seu pontificado. E uma das ideias que já estava presente em Aparecida, mas que se tornará emblemática a

---

[11] PAIVA, V. *O canto da Igreja "em saída": uma releitura da Evangelii Gaudium à luz do Magnificat*, p. 105.

partir de 2013 é a de que a Igreja não pode ficar parada esperando dentro de seus muros pastorais, a Igreja precisa sair, precisa se tornar uma Igreja "em saída", o que corresponde ao "estado permanente de missão" de Aparecida. Na *Evangelii Gaudium*, Francisco por duas vezes esboça uma definição para explicar o que ele entende por uma Igreja "em saída":

> A Igreja "em saída" é a comunidade de discípulos missionários que "primeireiam", que se envolvem, que acompanham, que frutificam e festejam (EG 24).
>
> A Igreja "em saída" é uma Igreja com as portas abertas (EG 46).

A primeira definição inclui um neologismo ("primeirear"), que significa tomar a iniciativa. Mas isso não é suficiente, é preciso também se envolver e acompanhar. São verbos que dizem respeito às relações humanas. O quarto verbo faz analogia à dinâmica biovegetal e muito se aproxima de nossa proposta inicial: contemplar a vitalidade da Igreja. Por fim, a festa, que remonta à alegria evangélica que se experimenta na missão apostólica (cf. Lc 10,21). Trata-se de uma definição em linguagem analógica bem próxima da sabedoria bíblica e do estilo de pregação de Jesus. Em Francisco, encontramos uma pastoralidade narrativa e processual, ao estilo de uma conversa que "se preocupa mais em fomentar processos do que em fornecer respostas prontas para os problemas pastorais e sociais".[12] O interessante é que a segunda definição ("Igreja com as portas abertas") não está tão relacionada ao "sair em missão", mas ao acolhimento que se deve oferecer a todos que retornam ou buscam a Igreja por algum motivo.

É inegável que temos um grande déficit de acolhimento em nossos trabalhos pastorais, pois ainda acolhemos

---

[12] PAIVA, V. *O canto da Igreja "em saída": uma releitura da Evangelii Gaudium à luz do Magnificat*, p. 134.

mal. Estamos bem distantes do Evangelho nesse sentido. O grande teólogo Pe. José Comblin, em seu último livro "O Espírito Santo e a tradição de Jesus", considerado seu testamento teológico-espiritual, dizia-nos que "o amor de Deus consiste em levantar os que estão caídos, dando o direito de ser aos que não são. O amor do Pai deriva de sua sabedoria, e sua sabedoria consiste em escolher e eleger os que são rejeitados".[13] Portanto, acolher faz parte do DNA do cristianismo e é por isso que a Igreja que sai em missão precisa deixar suas portas abertas, pois não vai atrás dos sãos, mas daqueles que precisam de cura e salvação. Salvar é integrar, trazer de volta a ovelha perdida e celebrar festivamente seu retorno (cf. Lc 15,4-7).

Com o Papa Francisco, o grito de Aparecida ganha alcance universal. Ele não tem medo de propor a todos que saiam do comodismo pastoral e ponham o pé na estrada:

> Saiamos, saiamos para oferecer a todos a vida de Jesus Cristo! Repito aqui, para toda a Igreja, aquilo que muitas vezes disse aos sacerdotes e aos leigos de Buenos Aires: prefiro uma Igreja acidentada, ferida e enlameada por ter saído pelas estradas, a uma Igreja enferma pelo fechamento e a comodidade de se agarrar às próprias seguranças (EG 49).

Assim fez Maria de Nazaré quando recebeu a notícia de que sua prima Isabel estava grávida e pôs-se a caminho para visitá-la. Não é de se estranhar que a visitação de Maria (Lc 1,39-45) tenha se tornado, no magistério de Francisco, uma das principais inspirações bíblicas para a Igreja "em saída". Nessa "nova saída missionária", proposta por Francisco, "cada cristão e cada comunidade há de discernir qual é o caminho que o Senhor lhe pede" (EG 20). A menina de Nazaré, com seus treze ou quatorze anos de idade, também discerniu em seu coração adolescente que deveria dirigir-se apressadamente à casa de Isabel,

[13] COMBLIN, J. *O Espírito Santo e a tradição de Jesus*, p. 316.

nas montanhas de Judá (cf. Lc 1,39). Maria não se importou com a distância (aproximadamente 140km) ou com o tempo da viagem, mas tão somente com o propósito de se colocar a serviço de sua parenta, que já era idosa. Essa atitude de fé inaugurou para nós um novo tempo de graça, como veremos a seguir.

Visita de Maria

Quando me propus a pesquisar sobre o *Magnificat,* uma pergunta me intrigava: por que o evangelista Lucas fez questão de deixar consignado em seu evangelho que Maria foi "apressadamente" visitar Isabel? Não bastasse a própria visita ser algo inusitado para a pouca idade de Maria e os perigos de uma viagem tão longa, também o "modo" como a menina de Nazaré realiza sua missão é intrigante. A opinião dos exegetas não é unânime, mas uma coisa é certa: Maria acredita no anjo, é uma mulher de fé e por ter fé se coloca a caminho. A fé é o denominador comum de toda e qualquer jornada missionária. Se ela não tivesse acreditado na palavra do anjo, por que gastaria seu tempo com tal viagem? O anúncio do anjo sobre a gestação de Isabel (cf. Lc 1,36) vem em complemento ao anúncio principal de que ela mesma daria à luz um filho (cf. Lc 1,31). Portanto, sair ao encontro de Isabel é testemunho de fé na palavra do Senhor: "Faça-se em mim segundo tua palavra" (Lc 1,38b).

Uma das hipóteses é a de que a narrativa lucana da ida às pressas de Maria à casa de Isabel possa estar relacionada com a atitude missionária da Igreja primitiva após a efusão de Pentecostes. Embora não se possa comprovar essa intencionalidade, pode-se, ao menos, afirmar que, na cena da visitação, Maria é a portadora do Espírito, pois basta sua saudação para que João estremeça de alegria e Isabel fique cheia do Espírito Santo (cf. Lc 1,41). Vale dizer que "a narrativa da visitação pode ser um fruto maduro da reflexão cristológica do cristianismo nascente e, portanto, um paradigmático referencial para a Igreja de todos os tempos".[14] O evangelista, ao propor Maria como modelo, sinaliza à sua comunidade que, desde o início, o Espírito está conduzindo a Igreja e por isso não se deve duvidar da promessa de Jesus: "Recebereis uma força, a do Espírito Santo que descerá sobre vós, e sereis minhas testemunhas em Jerusalém, em toda a Judeia e a Samaria, e até os confins da terra" (At 1,8). Maria foi a primeira que recebeu o Espírito (cf. Lc 1,35), a primeira que acreditou (cf. Lc 1,45) e a primeira que saiu (cf. Lc 1,39).

Um outro aspecto importante que não deve ser negligenciado é o de que o evangelista escolhe inserir o *Magnificat* na cena da visitação. Maria poderia tê-lo cantado após a anunciação do anjo, pois teria quase o mesmo efeito doxológico e profético, mas Lucas prefere incluí-lo como epílogo do encontro dessas duas grandes mulheres. Segundo Mazzarolo, no evangelho de Lucas, as mulheres tornam-se protagonistas da salvação.[15] O *Magnificat* recapitula a história da salvação ao fazer culminar no evento da Encarnação a celebração da intervenção messiânica de Deus na história. Esse tipo de teologia narrativa é característica do evangelho da infância escrito por Lucas e demonstra que, além das verdades de fé, há também uma proposta encarnada de vida cristã, um jeito novo de celebrar a alegria messiânica:

> O *Magnificat*, enquanto canto da Igreja, já evidenciava a alegria mística e epifânica do encontro de Maria e Isabel, duas mulheres do povo que ousaram se encontrar para celebrar a alegria messiânica: profetizas da alegria e legítimas representantes do povo de Israel. A exultação dessas mulheres no Espírito constitui-se como paradigma para uma Igreja que

---

[14] PAIVA, V. *O canto da Igreja "em saída": uma releitura da Evangelii Gaudium à luz do Magnificat*, p. 98.

[15] MAZZAROLO, I. *Lucas: a antropologia da salvação*, p. 30.

> não deve ter medo de restituir às mulheres o protagonismo histórico-salvífico que tiveram desde o início.[16]

O encontro de Maria com Isabel se tornou a primeira celebração da Palavra de Deus na história do cristianismo[17], em que duas mulheres se juntaram para proclamar as maravilhas de Deus na casa de um sacerdote emudecido pela falta de fé (cf. Lc 1,20). Não deixa de ser um encontro sinodal, pois revela uma sororidade mística em alusão à "mística de viver juntos" (EG 87), proposta por Francisco na *Evangelii Gaudium*. Maria e Isabel celebram o cumprimento da promessa exodal em perspectiva pascal, anunciam juntas a chegada do Reino de Deus em um ato profético de louvor, que marcará para sempre a história do cristianismo. E mais: Maria não apenas visita Isabel e vai embora; ela fica, permanece, celebra, cria vínculos e faz comunhão.[18] O *Magnificat* é o canto da Igreja que sai em missão e que permanece no meio do povo – uma Igreja missionária e sinodal, que tem pressa para servir e testemunhar ao mundo a vinda do Salvador.

Visita de Deus

Estudar Teologia é algo fascinante, pelo menos para mim, que sou um simples leigo pai de família. Digo isso porque, quando se mergulha nesse universo, se descobre coisas que abrem novos horizontes de fé, como por exemplo, o evangelho escrito por Lucas. O evangelista quando decide narrar os acontecimentos da vida de Jesus para seus contemporâneos e também para nós, é, naquele momento, "sujeito de fé", ou seja, ele não conta apenas o que

---

[16] PAIVA, V. *O canto da Igreja "em saída": uma releitura da Evangelii Gaudium à luz do Magnificat*, p. 96.

[17] PAIVA, V. *O canto da Igreja "em saída": uma releitura da Evangelii Gaudium à luz do Magnificat*, p. 128.

[18] PAIVA, V. *O canto da Igreja "em saída": uma releitura da Evangelii Gaudium à luz do Magnificat*, p. 135.

ouviu dizer, mas ele mesmo vive uma história de fé pessoal e comunitária. Como bom discípulo de Paulo (Fl 1,24; 2Tm 4,11), a fé de Lucas está marcada, em relação à escatologia, pela expectativa do retorno iminente e glorioso de Cristo, pois essa era inicialmente a crença da Igreja primitiva: "Este Jesus, que foi arrebatado dentre vós para o céu, assim virá, do mesmo modo como o vistes partir para o céu" (At 1,11). Só com o tempo foi surgindo outro entendimento a esse respeito. Um bom exemplo dessa mudança de compreensão são as duas cartas de Pedro:

> O fim de todas as coisas está próximo. Levai, pois, vida de autodomínio e de sobriedade, dedicada à oração (1Pd 4,7).

> Há, contudo, uma coisa, amados, que não deveis ignorar: É que para o Senhor um dia é como mil anos e mil anos como um dia. O Senhor não tarda a cumprir sua promessa, como pensam alguns, entendendo que há demora; o que ele está é usando de paciência convosco, porque não quer que ninguém se perca, mas que todos venham a converter-se (2Pd 3,8-9).

A expectativa do reinado de Deus era algo profundamente enraizado na tradição judaica e as palavras de Jesus acerca da chegada do Reino de Deus alimentaram, de certo modo, essa expectativa. Lucas faz questão de registrar isso como ato inaugural de seu ministério (cf. Lc 4,18-21), identificando o anúncio do Reino com a vinda de Cristo: "Devo anunciar também a outras cidades a Boa Nova do Reino de Deus, pois é para isso que fui enviado" (Lc 4,43). No entanto, além de reconhecer em Jesus a chegada do Reino, o evangelista, por meio da parábola do rico e do pobre Lázaro (Lc 16, 19-31), reconhece também que existe um "mundo paralelo", onde a justiça de Deus é realizada. Segundo Mazzarolo, a escatologia no evangelho de Lucas entende a realidade futura integrada aos acontecimentos da história, ou seja, o amanhã está sendo delineado pelo hoje.[19] Essa também é a fé da Igreja nos tempos atuais, mas com uma única diferença: fomos nos distanciando da consciência histórica a respeito da vinda de Deus na "plenitude do tempo" (cf. Gl 4,4) e consequentemente da urgência evangélica do anúncio de seu Reino.

E o que isso tem a ver com o *Magnificat*? Tudo. No Novo Testamento, a expressão "Reino de Deus" aparece 122 vezes, sendo 99 nos sinóticos, dos quais Lucas é o evangelista que mais utiliza essa expressão. Já sabemos que o *Magnificat* coleta fragmentos veterotestamentários da história da salvação, mas ele é também um canto escatológico de libertação "porque a chegada do Reino de Deus traz a libertação definitiva".[20] A segunda parte do canto (cf. Lc 1,51-53), ao profetizar a dispersão dos orgulhosos, a derrubada dos poderosos e a dispensa dos ricos de mãos vazias, remete tudo isso ao cumprimento da promessa feita a Abraão e seus descendentes (cf. Lc 1,55). É o mesmo pai Abraão que diz ao rico epulão: "Se não escutam nem a Moisés nem aos Profetas, mesmo que alguém ressuscite dos mortos, não se converterão" (Lc 16,31). Por isso, embora Jesus tenha vindo e ressuscitado na história, precisa voltar para cumprir em definitivo a promessa de libertação; e enquanto isso não acontece, a Igreja vive do "já e ainda não" e deve continuar cantando seu *Magnificat*.

No entanto, esse "já e ainda não", a partir da compreensão do evangelista Lucas – e isso é algo fascinante –, comporta também um "ainda não, mas já". Porque já agora a salvação é oferecida com a vinda de Deus entre nós e já agora o humilde é exaltado (cf. Lc 18,9-14). Murad afirma que Jesus cumpre a profecia do *Magnificat* ao realizar "uma inversão messiânica, ao proclamar que os últimos da sociedade de seu tempo serão os

---

19 MAZZAROLO, I. *Lucas: a antropologia da salvação*, p. 45.

20 PAIVA, V. *O canto da Igreja "em saída": uma releitura da Evangelii Gaudium à luz do Magnificat*, p. 132.

primeiros no Reino, e que os primeiros na sociedade excludente serão os últimos"[21]; Entretanto, essa "inversão messiânica" é também uma "inversão escatológica", pois no "mundo paralelo" do reinado de Deus isto "já" acontece. Talvez precisemos redescobrir o frescor evangélico da afirmação paulina: "Quando, porém, chegou a plenitude do tempo, enviou Deus seu Filho, nascido de uma mulher" (Gl 4,4). Não se trata de esvaziar o futuro escatológico, mas de compreender, como sugeriu Paul Tillich, que Jesus é o "centro da história"[22] e que a vinda de Deus por meio da encarnação de seu Filho é o grande *Kairós* que irrompe nosso tempo cronológico e o faz tempo de salvação.

Portanto, a narrativa da visita da "mãe do Senhor" (Lc 1,43), no contexto da teologia lucana, é um evento kairótico que fala da visita de Deus a seu povo, que recorda a promessa messiânica, não para um futuro distante, mas para um presente próximo onde nos é oferecida a possibilidade de já fazermos parte desse Reino, desde que peçamos: "Venha o teu Reino" (Lc 11,2b); desde que creiamos que ele já está no meio de nós (cf. Lc 17,21), por meio da fé – "portal" que nos dá acesso ao mundo paralelo, invisível e real do Reino eterno de Deus entre nós. É por causa do que cremos que saímos em missão. É por acreditar na visita de Deus que Maria de Nazaré decidiu visitar Isabel. É pelo Reino que a Igreja precisa acolher a conversão pastoral proposta por Francisco (EG 25).

3. A pastoral da Igreja "em saída"

Nesta terceira parte, dedicada à reflexão pastoral, gostaria de comentar o subtítulo da conferência: "a

[21] MURAD, A. *Maria toda de Deus e tão humana: Compêndio de Mariologia*, p. 79.
[22] TILLICH, P. *Teologia Sistemática*, p. 796.

pastoral da Igreja que emerge do *Magnificat*". Para um cristão, tanto a imersão ("para dentro") quanto a emersão ("para fora") são etapas fundamentais da caminhada cristã. Na verdade, é a alternância desses momentos que nos faz autênticos discípulos missionários de Cristo. Tomemos, por exemplo, a narrativa lucana de Pentecostes (o que está entre parênteses é anotação e grifo nosso):

> Tendo-se completado o dia de Pentecostes, estavam todos reunidos no mesmo lugar **(dentro)**. De repente, veio do céu um ruído como o agitar-se de um vendaval impetuoso **(fora)**, que encheu toda a casa onde se encontravam **(dentro)**. Apareceram-lhes, então, línguas como de fogo **(fora)**, que se repartiram e que pousaram sobre cada um deles. E todos ficaram repletos do Espírito Santo **(dentro)** e começaram a falar em outras línguas, conforme o Espírito lhes concedia se exprimirem **(fora)** (At 1,1-4).

Uma experiência espiritual quando é autêntica, necessariamente, precisa se traduzir em anúncio e testemunho de vida. O *Kerigma*, enquanto primeiro anúncio da fé, não é uma apenas uma etapa da evangelização, mas uma necessidade perene da Igreja, que precisa retornar sempre ao primeiro amor (cf. Ap 2,4). Para que haja uma "emersão" pastoral, faz-se necessária, antes, uma experiência concreta com o Espírito de Deus – não ao nível das ideias, mas uma experiência concreta, pessoal e comunitária. No último capítulo da *Evangelii Gaudium*, Francisco fala de "evangelizadores com espírito" (EG 259-288) e apresenta Maria como modelo de afeto e solicitude:

> Maria é aquela que sabe transformar um curral de animais na casa de Jesus, com uns pobres paninhos e uma montanha de ternura. Ela é a serva humilde do Pai, que transborda de alegria no louvor. É a amiga sempre solícita para que não falte o vinho em nossa vida. É aquela que tem o coração trespassado pela espada, que compreende todas as penas. Como Mãe de todos, é sinal de esperança para os povos que sofrem as dores do parto até que germine a justiça. Ela é a

> missionária que se aproxima de nós, para nos acompanhar ao longo da vida abrindo os corações à fé com seu afeto materno. Como uma verdadeira mãe, caminha conosco, luta conosco e nos aproxima incessantemente do amor de Deus (EG 286).

Um bom missionário precisa, antes de mais nada, ser alguém que ama com o amor do Bom Pastor: amor que entrega a vida (cf. Jo 10,15). Assim como Maria, o agente pastoral deve se aproximar, acolher e acompanhar com afeto materno cada um daqueles que lhe foram confiados. Mas isso ainda parece bastante utópico quando olhamos para as nossas realidades pastorais. Vemos ainda uma Igreja muito dividida em sua ação e planejamento pastoral. Em geral, pastorais, grupos e movimentos pautam suas programações em cronogramas (*Chronos*), que não abrem espaço para a experiência querigmática da fé (*Kairós*), por isso a novidade do Evangelho de Cristo não emerge e não aparece no cotidiano das atividades pastorais. Não há emersão porque não há imersão. Ninguém dá aquilo que não tem. Com razão, Papa Francisco nos exorta:

> Tens momentos em que te colocas em sua presença em silêncio, permaneces com Ele sem pressa, e te deixas olhar por Ele? Deixas que seu fogo inflame teu coração? Se não permites que Jesus alimente nele o calor do amor e da ternura, não terás fogo e, assim, como poderás inflamar o coração dos outros com o teu testemunho e tuas palavras (*Gaudete et Exsultate* 151)?

O *Magnificat* só alcança seu clímax profético porque antes reconhece a grandeza de Deus (cf. Lc 1,49). Não há libertação sem renovação. No ano 2000, Clodovis Boff escreveu um artigo chamado "Carismáticos e Libertadores na Igreja"[23], no qual reconhece a convergência entre ambos: "os carismáticos representam as raízes da árvore da Igreja

---

[23] Artigo disponível em https://revistaeclesiasticabrasileira.itf.edu.br/reb/article/view/2200/1916

e os libertadores os seus frutos. Não existem frutos sem raízes profundas e sadias, mas também não tem sentido as raízes senão para os frutos".[24] Novamente nos deparamos com a importância do caule, pois é ele que conecta raízes e folhas. Como promover uma ação pastoral renovada e socialmente engajada? Como reagir ao neoconservadorismo religioso das novas gerações? Como a mariologia de Francisco e o canto do *Magnificat* podem nos ajudar nesse discernimento? São algumas perguntas que vamos procurar responder nessa etapa final. Para tanto, abordaremos dois assuntos de grande relevância pastoral: a polarização e a maternidade da Igreja.

Polarização

Para que haja uma polarização, geometricamente falando, é necessário que exista dois polos: "A" e "B". O caminho mais curto entre "A" e "B" é sempre uma linha reta. E o que é uma linha reta senão uma traço retilíneo tensionado? Uma das brincadeiras de infância da minha geração era o "cabo de guerra": dois grupos em lado opostos que puxavam a mesma corda, disputando para ver quem conseguia arrastar para si o grupo adversário. A corda totalmente esticada é uma corda "tensionada". Entre o grupo A e B se estabelecia um tipo de "tensão polar". Tensão polar, síntese e transbordamento são três palavras-chave da "visão poliédrica da realidade", uma das contribuições mais originais de Francisco para a Teologia Pastoral. Tratase de um novo modelo mental para se pensar e discernir a realidade da Igreja, que rompe com as concepções dualistas e alarga o horizonte pastoral da Igreja. A imagem do "poliedro" é apresentada pelo Papa Francisco na *Evangelii Gaudium* como modelo para a ação pastoral e política:

---

[24] BOFF, C. Carismáticos e libertadores na Igreja, p. 50.

> O modelo é o poliedro, que reflete a confluência de todas as partes que nele mantêm sua originalidade. Tanto a ação pastoral como a ação política procuram reunir nesse poliedro o melhor de cada um. Ali entram os pobres com sua cultura, seus projetos e suas próprias potencialidades. Até mesmo as pessoas que possam ser criticadas por seus erros têm algo a oferecer, que não se deve perder (EG 236).

A visão poliédrica da realidade é uma importante chave hermenêutica para se compreender a eclesiologia de Francisco e encontra-se delineada no quarto capítulo da *Evangelii Gaudium*, que fala da dimensão social da evangelização. Os quatro princípios elencados por ele na Exortação apostólica balizam sua reflexão pastoral: o tempo é superior ao espaço (EG 222-225); a unidade prevalece sobre o conflito (EG 226-230); a realidade é mais importante que a ideia (EG 231-233); o todo é superior à parte (EG 234-237). É neste último que ele propõe a imagem do poliedro. Em minha pesquisa de Mestrado dediquei grande tempo para investigar a origem e a originalidade desse pensamento dialético de Francisco, bem como sua aplicabilidade na vida pastoral. O *Magnifcat*, sem dúvidas, contribuiu de maneira decisiva para isso, já que o canto de Maria revela a experiência não polarizada da Igreja primitiva, na qual "a multidão dos que haviam crido era um só coração e uma só alma. Ninguém considerava exclusivamente seu o que possuía, mas tudo entre eles era comum" (At 4,32). Como tornar isso possível no convívio eclesial de opiniões e posições divergentes? Essa é a questão!

O maior equívoco é considerar que existe apenas dois lados, pois "a verdade, para Francisco, não é relativa, mas é poliédrica".[25] A realidade, embora seja única, é multifacetada, por isso a Igreja deve possuir um "rosto pluriforme" (EG 116) e buscar uma "harmonia multiforme" (EG 117). A realidade

---

[25] PAIVA, V. *O canto da Igreja "em saída": uma releitura da Evangelii Gaudium à luz do Magnificat*, p. 115.

multidimensional da vida e da sociedade exige que, para além do ponto "A" e "B", sejam estabelecidos novos pontos: "C", "D" etc. Na hora que se abre a possibilidade do diálogo e dá-se início a um processo de escuta ativa das partes, surgem novos pontos de vista. E se não preciso escolher tão somente entre "A" ou "B", mas posso discernir a realidade por mim mesmo, torno-me também um ponto no poliedro eclesial. Em uma relação poliédrica, é salutar olhar por outros ângulos, colocando-se no lugar do outro, sempre que necessário. Para Francisco, não há nenhum problema em se ter diferentes posicionamentos a respeito de um mesmo assunto, pois isso é próprio da diversidade. O objetivo não é negar ou ocultar o conflito (tensão), mas propor sua superação por meio de um caminho processual de comunhão, mesmo nas diferenças.[26]

Essa comunhão nas diferenças se dá por meio das "sínteses" e dos "transbordamentos". As sínteses são sempre provisórias, são pequenos passos que são dados por meio do diálogo empático. Já os transbordamentos são fruto da abertura à transcendência. Por meio do transbordamento se alcança a síntese. É preciso deixar-se mover e transbordar pelo Espírito para discernir o que deve ser feito. É algo tão original, que vale a pena deixar que o Papa Francisco explique com suas próprias palavras:

> Quando encaramos opções e contradições, perguntarmo-nos qual é a vontade de Deus ajuda a nos abrirmos a possibilidades inesperadas. Estou me referindo a essas novas possibilidades como um "transbordamento", porque frequentemente as margens do nosso pensamento transbordam. O "transbordamento" acontece quando, com humildade, apresentamos a Deus o desafio que enfrentamos e Lhe pedimos ajuda. Chamamos isso de "discernimento de espíritos", porque se trata de distinguir o que verdadeiramente é de Deus e o que pode frustrar sua vontade. Discernir é resistir à tentação de alcançar um falso alívio com uma decisão imediata e, em vez disso, estar disposto

[26] PAIVA, V. *O canto da Igreja "em saída": uma releitura da Evangelii Gaudium à luz do Magnificat*, p. 84.

> a apresentar ao Senhor, com humildade, diversas opções, esperando esse "transbordamento". Você vai atrás dos prós e dos contras, sabendo que Jesus está com você e para você. Sente dentro de si o suave convite do Espírito e de seu oposto. E com o tempo, em oração e com paciência, em diálogo com os outros, chega a uma solução que não é um meio-termo, mas algo totalmente diferente.[27]

Como se pode perceber, trata-se de uma análise profunda da realidade e não apenas superficial. A polarização sempre é superficial, pois não estabelece relação de profundidade entre as opiniões (pontos) divergentes. O discernimento pastoral é um importante instrumento de evangelização. Cada pessoa merece ser ouvida e respeitada em sua individualidade. O juízo moral não deveria ser nosso "cartão de visita". Em relação aos posicionamentos pastorais – carisma, libertação e tradição – não deveriam se tornar bandeiras identitárias, pois todos somos partes de um mesmo corpo (cf. 1Cor 12,12-13).

Maternidade

A Igreja é corpo de Cristo (cf. 1Cor 12,27), mas esse corpo é corpo de mãe! Na maternidade, o corpo da mãe passa por transformações e só uma mãe sabe como é carregar um criança em seu ventre. Enquanto está no útero, o bebê é alimentado pelo cordão umbilical, o caule da vida intrauterina. Quando nasce, recebe o leite materno. E quando cresce, é o amor da mãe que a sustenta. O próprio Jesus, certa vez, aludiu a esse tipo de afeto: "Jerusalém, Jerusalém, que matas os profetas e apedrejas os que te foram enviados, quantas vezes quis reunir teus filhos como a galinha recolhe seus pintainhos debaixo das asas, mas não quiseste" (Lc 13,34)! Pe. Alexandre Awi, que escreveu sua tese doutoral sobre a mariologia de Francisco e nos abrilhantou com sua presença no XVI Congresso Mariológico, afirma que

---

[27] FRANCISCO. *Vamos sonhar juntos: o caminho para um futuro melhor*, p. 27-28.

"em seu mistério mais íntimo a Igreja é Mãe que gera a comunhão de seus filhos como Povo de Deus orientado para a missão evangelizadora de Jesus no mundo".[28] É uma mãe "em saída", missionária, mãe do povo missionário. Mãe que sai à procura de seus filhos: "Mãe samaritana, que se aproxima, cuida das feridas e leva à hospedaria o filho machucado para tratá-lo" (cf. Lc 10,34).[29]

Para a mariologia do Papa Francisco, a tríplice relação entre a Maria, a Igreja e alma humana, proposta por Isaac de Stella e retomada por Henri de Lubac, é uma joia preciosa: o que se aplica a Maria de forma especial também se aplica à Igreja de forma universal e à alma humana de forma individual (singular).[30] Portanto, assim como Maria e a Igreja, cada pessoa humana carrega em si a vocação materna. A maternidade da Igreja diz respeito ao núcleo central do pensamento teológico de Francisco e está diretamente relacionada à sua visão dialética (poliédrica), pois a experiência comprova que o amor de mãe é um amor que não tem limites, que extrapola a razão e transborda na vida. O que dizer das "Mães da Praça de Maio", que corajosamente enfrentaram a ditadura argentina à procura de seus filhos "desaparecidos", que, na verdade, foram sequestrados e mortos pelo regime militar? Mas o que a vida do outro tem a ver comigo? Por que a Igreja deve se preocupar com a humanidade e não apenas com seu reduto pastoral?

Quando Francisco fala de conversão pastoral e uma Igreja mãe de coração aberto (EG 46) está dizendo, com isso, que a pastoral dessa Igreja "em saída" não deve praticar proselitismo e doutrinação moralista. A principal preocupação de uma mãe é ter seu filho de volta, vivo, perto de

---

[28] AWI MELLO, A. *Maria-Iglesia: Madre del pueblo misionero*, p. 756.

[29] PAIVA, V. *Mater Gentium*: a maternidade da Igreja à luz da mariologia da *Lumen Gentium*, p. 90-91.

[30] DE LUBAC, H. *Meditación sobre la Iglesia*, p. 337.

si, debaixo de seus olhos; ainda que seja para tão somente consolá-lo, como fez Maria de pé, aos pés da cruz (cf. Jo 19,25). Alguns teólogos ainda se preocupam em formular argumentos para justificar um possível dogma da correndenção, mas, em minha opinião, isto é irrelevante, pois ser "mãe" do Redentor já é a maior graça e a maior contribuição que Maria poderia ter dado ao projeto salvífico de Cristo. Foi aos pés da cruz, em um momento de profunda dor e desconsolo, que ela foi confirmada na missão de mãe da humanidade (cf. Jo 19,26). São João Paulo II comentando sobre isso, assim se expressou na *Redemptoris Mater*:

> Pode-se dizer que, se a maternidade de Maria em relação aos homens já tinha aflorado e se tinha delineado em precedência, agora é claramente precisada e estabelecida: ela emerge da maturação definitiva do mistério pascal do Redentor. A Mãe de Cristo, encontrando-se na irradiação direta desse mistério que abrange o homem – todos e cada um dos homens – é dada ao homem – a todos e cada um dos homens – como mãe (RM 23).

A maternidade em Maria foi maturada por meio de sua caminhada como discípula de seu Filho. Também a ela se aplicam as palavras de Jesus: "Minha mãe e meus irmãos são aqueles que ouvem a Palavra de Deus e a põem em prática" (Lc 8,21). O Beato Frei Maria-Eugênio do Menino Jesus cunhou uma expressão muito feliz para se referir à maternidade de Maria, ele a chamou de "*tota Mater*", isso foi em uma homilia de agosto de 1933, que, traduzindo, significa "toda mãe", mãe em plenitude. Segundo Frei Maria-Eugênio, "é preciso reter isso da Virgem: ela é toda Mãe, *tota Mater*; toda envolvida nessa graça, todos os seus privilégios se confundem neste privilégio único da maternidade espiritual".[31] Aplicando-se a tríplice relação de Isaac de Stella, como seria importante que a Igreja

---

[31] BEATO FREI MARIA-EUGÊNIO DO MENINO JESUS. *Virgem Maria, mãe em plenitude*, p. 52.

agisse sempre como *tota Mater*, como seria necessário que cada missionário, cada agente de pastoral, sentisse arder em seu coração um amor *tota Mater* por cada filho e filha de Deus, mesmo aqueles que estão longe, fora dos muros pastorais. Gosto de pensar que, dada sua condição de mãe, "o verdadeiro lugar da Igreja é fora dela".[32]

Salvar é integrar! A lógica inclusiva do Jesus lucano exige que se pratique uma evangelização inclusiva. Há sementes do Verbo plantadas em todas as culturas (AG 11). Compreender a lógica inclusiva do evangelho de Lucas implica em discernir os sinais do tempos (GS 4), pois a Igreja, enquanto Povo de Deus, se estende a todos os povos da terra (LG 13). Tanto a mensagem de Jesus, quanto a maternidade da Igreja, alcançam todas as gerações (cf. Lc 1,48). Bem-aventurada é a Mãe Igreja quando enxerga na diversidade uma oportunidade de acolhimento. Que mãe rejeitaria um filho por causa de sua orientação sexual? Que mãe exigiria a obediência antes do amor? Sabemos que "acolher dá trabalho, exige conversão pastoral e, acima de tudo, coragem materna para dizer: esses também são meus filhos".[33] Certamente quem ama educa, mas, antes de mais nada, acolhe, abraça, cuida e alimenta.

Conclusão

Iniciamos esta breve reflexão falando da floresta Amazônica e da gigante árvore Angelim-vermelho descoberta recentemente. Papa Francisco na Exortação Apostólica Querida Amazônia (2020) chega a dizer que não basta preservar e defender a Amazônia, é preciso torná-la nossa mãe (QA 55). Muito interessante a proposição

---

[32] PAIVA, V. *O canto da Igreja "em saída": uma releitura da Evangelii Gaudium à luz do Magnificat*, p. 135.

[33] PAIVA, V. *O canto da Igreja "em saída": uma releitura da Evangelii Gaudium à luz do Magnificat*, p. 109.

de Francisco, pois, de fato, só defendemos e cuidamos daquilo que tem valor afetivo para nós. E isto vale também para a questão religiosa. Enquanto a Igreja for apenas uma instituição ou um credo a seguir, avançaremos muito pouco no processo de "fotossíntese" da Igreja, ou seja, nossa teologia não conseguirá iluminar suficientemente nossa pastoral. O século XXI exige novas luzes, novos *insights*, uma nova Igreja. Esta afirmação é sempre polêmica, porque nunca faltam os fiscais da fé alheia para nos acusarem de infidelidade à Tradição. Mas que tradição? Se levarmos em conta a tradição de Maria e da primeira comunidade cristã, descobriremos que, no início, não havia divórcio entre o social e o místico, pelo contrário, ambos eram reconhecidos como ação diretiva do Espírito.

A mariologia de Francisco é apenas um dos afluentes de sua teologia, os outros são a Eclesiologia e a Pneumatologia. O movimento de "saída", que marca seu pontificado, está arraigado na experiência pastoral latino-americana, da qual obtém sua validação testemunhal. Ao mergulharmos no *Magnificat*, o canto da Igreja em saída, descobrimos que Pentecostes foi a primeira "saída" da Igreja e novas saídas missionárias se fazem necessárias. A Igreja do *Magnificat* é uma igreja de portas abertas, que não tem medo de louvar e profetizar a chegada do Reino e a vitória do Ressuscitado. Por esse motivo, "nós", até hoje, cantamos o *Magnificat*. Esse "nós" comunitário nos amadurece enquanto povo e família de Deus. Não cantamos para Maria, cantamos com ela! Do canto à missão: com ela saímos apressadamente para visitar, permanecer, celebrar, criar vínculos e fazer comunhão. É nosso jeito católico de evangelizar, mas sem renunciar à centralidade do mistério de Cristo.

O *Magnificat* é um "portal", que nos dá acesso à experiência de fé dos primeiros cristãos. Os jovens de hoje falam de universos paralelos (o multiverso) e eu me pergunto: será que no âmbito da fé não precisaríamos redescobrir o multiverso do Evangelho? Se o Filho de Deus veio na plenitude do tempo nascido de uma mulher (cf. Gl 4,4), não seria o caso de se experimentar a força kairótica do "ainda não, mas já" na história? Por que somos tão tardos para crer (cf. Lc 24,25)? Quando nos perguntamos que pastoral emerge do *Magnificat*, é porque continuamos acreditando na força da Palavra de Deus; não só no testemunho de Maria, mas também em sua intercessão e solicitude materna. Seria esse um modo devoto de se fazer Teologia? Seja como for, entendo que somos, de fato, privilegiados, pois a Mariologia é a flor da Teologia, tal como Maria é a flor da Igreja, pois dela nasceu Jesus, o Fruto bendito da humanidade.

O desafio pastoral da Igreja Católica no século XXI não é pequeno. Vivemos em um mundo individualista e polarizado. A visão dialética de Francisco é genuína e inovadora, pois reúne espiritualidade inaciana, pressupostos filosóficos e o mais importante: a própria experiência pastoral de Bergoglio. Os quatro princípios elencados por Francisco na *Evangelii Gaudium* revelam a preocupação do Papa com a superação dos conflitos e a paz social. No contexto pastoral, aprendemos que devemos nos abrir à experiência do "transbordamento" para superar a superficialidade retórica das contradições existenciais. Aliás, quanto mais arestas e vértices houver, mais "poliédrica" será nossa ação evangelizadora. Reafirmamos que a verdade não é relativa, mas é poliédrica: é preciso olhar todos os lados do poliedro, mesmo sem mudar de posição. E o *Magnificat* nos ajuda muito nesse exercício de maturidade cristã, pois conjuga num único canto: júbilo, profecia, louvor e diaconia.

Por fim, recordo que nada supera o "amor de mãe". O próprio Deus fez questão de experimentá-lo. A melhor imagem para a Igreja "em saída" é da mãe que sai à procura de um filho desaparecido. Dor e vazio inimagináveis. Quantos filhos da Igreja estão desaparecidos e nem sequer sabemos... A conversão pastoral é tão urgente quanto a conversão pessoal. Negligenciar uma delas é colocar em risco o futuro da Igreja. Sim, o futuro da Igreja não está dentro da Igreja, está lá fora. Salvar é integrar, é ir em busca da ovelha perdida; não por ser uma ovelha do rebanho, mas porque a ovelha perdida é minha filha, meu filho, eu, nós.

Referências bibliográficas

AWI MELLO, Alexandre. *María-Iglesia: Madre del pueblo misionero. El Papa Francisco y la piedad popular mariana a partir del contexto teológico-pastoral latinoamericano*. Buenos Aires: Agape Libros, 2019.

BÍBLIA. Português. *A Bíblia de Jerusalém*. Nova edição rev. e ampl. São Paulo: Paulus, 2012.

BOFF, Clodovis. Carismáticos e Libertadores na Igreja. *Revista Eclesiástica Brasileira*, Petrópolis, v. 60, n. 237, p. 36-53, mar. 2000. Disponível em: https://revistaeclesiasticabrasileira.itf.edu.br/reb/article/view/2200 [acesso em: 12 de fev. de 2024].

______. *Mariologia Social*: o significado da Virgem para a sociedade. São Paulo: Paulus, 2006.

BROWN, Raymond E. *O nascimento do Messias*: Comentário das narrativas da infância nos evangelhos de Mateus e Lucas. São Paulo: Paulinas, 2005.

COMBLIN, José. *O Espírito Santo e a Tradição de Jesus*. São Paulo: Paulus, 2023.

CONCÍLIO ECUMÊNICO VATICANO II (1962-1965). Cidade do Vaticano. *Ad Gentes*. In: VIER, Frederico (Coor. Geral) *Compêndio do Concílio Vaticano II*. 24. Ed. Petrópolis: Vozes, 1995.

CONCÍLIO ECUMÊNICO VATICANO II (1962-1965). Cidade do Vaticano. *Gaudium et Spes*. In VIER, Frederico (Coor. Geral) *Compêndio do Concílio Vaticano II*. 24. Ed. Petrópolis: Vozes, 1995.

CONCÍLIO ECUMÊNICO VATICANO II (1962-1965). Cidade do Vaticano. *Lumen Gentium*. In VIER, Frederico (Coor. Geral) *Compêndio do Concílio Vaticano II*. 24. Ed. Petrópolis: Vozes, 1995.

CONSELHO EPISCOPAL LATINO-AMERICANO. *Documento de Aparecida*: Texto conclusivo da V Conferência Geral do Episcopado Latino-Americano e do Caribe. 2.ed. Brasília: Edições CNBB: São Paulo: Paulinas: Paulus, 2007.

DE LUBAC, Henri. *Meditación sobre la Iglesia*. Madrid: Ed. Desclée de Brouwer, 1958 (Col. "Veritas et Justitia").

FRANCISCO. *Evangelii Gaudium, a alegria do Evangelho*: Sobre o anúncio do Evangelho no mundo atual. São Paulo: Edições Loyola: Paulus, 2013.

______. *Gaudete et Exsultate*: Sobre a chamada à santidade no mundo atual. São Paulo: Paulinas, 2018.

______. *Querida Amazônia*. São Paulo: Paulinas, 2020.

______. *Vamos sonhar juntos*: O caminho para um futuro melhor. Rio de Janeiro: Ed. Intrínseca, 2020.

JOÃO PAULO II. *Redemptoris Mater*: Sobre a Bem-Aventurada Virgem Maria na vida da Igreja que está a caminho. 15.ed. São Paulo: Paulinas, 2010.

LUTERO, Martim. *Magnificat: O louvor de Maria*. Aparecida: Ed. Santuário; São Leopoldo: Ed. Sinodal, 2015.

MAZZAROLO, Isidoro. *Lucas, a antropologia da salvação*. 2. ed. Rio de Janeiro: Isidoro Mazzarolo editor, 2004.

MENINO JESUS, Maria-Eugênio do. *Virgem Maria, mãe em plenitude*. São Paulo: Paulus, 2010.

MÜHLEN, Heribert. *Fé cristã renovada*: Carisma, Espírito, libertação. 2.ed. São Paulo: Ed. Loyola, 1983.

MURAD, Afonso. *Maria toda de Deus e tão humana*: Compêndio de Mariologia. São Paulo: Paulinas: Aparecida: Santuário, 2012.

PAIVA, Vinícius S. *Mater Gentium*: a maternidade da Igreja à luz da mariologia da *Lumen Gentium*. In: GOMES, Tiago; CAUDURO, Mercio José. *Reflexões sobra a Igreja em perspectiva contemporânea*. Porto Alegre: Editora Fundão Fênix, 2023.

______. *O canto da Igreja "em saída"*: uma releitura da *Evangelii Gaudium* à luz do *Magnificat*. 2023, 145f. Dissertação (Mestrado em Teologia) – Programa de Pós-Graduação em Teologia, Pontifícia Universidade Católica do Rio Grande do Sul, 2023.Disponível em: https://tede2.pucrs.br/tede2/bitstream/tede/10766/2/VIN%C3%8DCIUS_DA_SILVA_PAIVA_DIS.pdf [acesso em: 12 de fev. de 2024].

TILLICH, Paul. Teologia sistemática. 8.ed.rev. São Leopoldo: Sinodal, 2019.

IV

A DIMENSÃO SOCIAL DE UMA MARIOLOGIA ATUAL. CONTRIBUIÇÕES DO PAPA FRANCISCO

Lúcia Pedrosa-Pádua[1]

Introdução

A mariologia possui a responsabilidade de relacionar devoção mariana com o Evangelho e a vida concreta dos cristãos e cristãs. A expressão da fé mariana é chamada à coerência com a vida de Jesus Cristo e a fecundar a existência sempre multidimensional dos cristãos e cristãs. O objetivo deste capítulo é ajudar a ver a relação entre Maria e a sociedade. O Papa Francisco em muito tem contribuído nesta integração, com seus documentos.

Iniciaremos contando quatro pequenas histórias fictícias para entrarmos no importante tema da dimensão social da mariologia. Em seguida, veremos alguns aspectos teológico-históricos da relação entre Maria e a sociedade

---

[1] Lúcia Pedrosa-Pádua é doutora em teologia sistemática pela PUC-Rio, onde é pesquisadora e professora em tempo contínuo. Atua nas áreas de Mariologia, Antropologia Teológica e Mística. Graduada em teologia pela Faculdade Jesuíta de Filosofia e Teologia (Belo Horizonte, MG) e em Economia pela UFMG. Coordena o Ataendi, Centro de Espiritualidade da Instituição Teresiana no Brasil, dedicado à formação de cristãos leigos e leigas e trabalha na ação pastoral junto a comunidades. Associada da AMA e Presidente da ABM-Associação Brasileira de Mariologia.

para, depois, passarmos às importantes contribuições do Papa Francisco. A mariologia do Papa Francisco é para a vida da Igreja e da Sociedade, porque é uma mariologia em saída.

Seguiremos o seguinte itinerário:

1. Histórias fictícias, mas com muita verdade
2. Maria e o social: uma relação que tem muito a ser descoberta
3. O resgate da dimensão social na mariologia. Algo já caminhamos.
4. A dimensão social da mariologia do Papa Francisco
5. Maria para o Papa Francisco: aliada da Igreja em saída e de uma sociedade de irmãos e irmãs
6. Crítica do Papa Francisco a uma imagem não cristã de Maria
7. A mariologia integrada e dinâmica de Francisco: quatro pontos
8. Mariologia integrada do Papa Francisco em seus documentos sociais

1. Histórias fictícias, mas com muita verdade

Podemos iniciar nossa reflexão com algumas histórias fictícias que nos ajudam a olhar diferentes posturas devocionais.

1. Antônio dos Santos é muito devoto de Nossa Senhora. Participa das festas marianas e faz peregrinação a Aparecida todos os anos. Forte, é afeito a carregar o andor de Nossa Senhora da Glória, em sua cidade. Antônio é casado e pai de três filhos. Nem sempre é tranquilo em sua casa – mais de uma vez foi violento com a esposa, também devota e cantora do coral. Antônio acha que a esposa canta mal e se diverte falando sobre isto para os amigos. Durante a pandemia, bateu nela e a encheu de medo. Ai

dela se não corresponder a suas expectativas. Antônio não vê nenhuma relação entre Nossa Senhora, que carrega no andor, e a mulher que mora com ele em sua casa.

2. Silvina das Candeias ama muito Nossa Senhora de Fátima e, sempre que pode, contribui com um bom dinheiro para a festa de sua Igreja, em maio. Gosta muito das flores, das fitas coloridas, não perde a reza do terço, às quartas feiras. Mas está muito desgastada com as pessoas pobres que andam ocupando a praça: – Nossa Senhora não merece ver tanta desordem e sujeira, pensa ela. Dentro de si, acha os pobres muito preguiçosos, todos eles. De vez em quando, dá uma moedinha. Silvina não consegue ver que Nossa Senhora de Fátima, Maria a mãe de Jesus, viveu a pobreza, teve que transformar trapinhos em um berço para Jesus e passou muitas dificuldades na vida. Silvina não percebe o que tem a ver Nossa Senhora de Fátima com a senhora que passou por ela nesta manhã.

3. Violeta Silva detesta política. Acha muito suja, especialmente a política partidária, e não quer nem saber do que aconteceu em seu país no dia de hoje: – Não deu tempo, diz ela. Violeta vota porque é obrigada, não conhece o passado de seus candidatos, escolhe um que lhe parece simpático. Suas referências políticas são todas tiradas das mensagens recebidas pelo celular. Prefere mesmo é o grupo de oração; às vezes, prontifica-se para costurar a roupa de Nossa Senhora das Dores para a procissão da Sexta-feira Santa. O que Nossa Senhora das Dores tem a ver com a política? Nada, pensa ela.

4. Silvano Viola dá a vida na Associação dos amigos da Mata Atlântica, lutando para a preservação deste bioma. Religião? Nem pensar, seu negócio é ação. Ele acha o pessoal da igreja muito alienado. Não vê nenhuma relação

entre as suas convicções e a oração, menos ainda com uma devoção como o terço!

Antônio dos Santos, Silvina das Candeias, Violeta Silva e Silvano Viola têm algo em comum: não veem qualquer relação entre Maria e a sociedade. Serão os únicos?

Essas pequenas histórias podem nos ajudar a entrar no importante tema da dimensão social da mariologia. Vejamos alguns aspectos teológico-históricos, antes de passar às importantes contribuições do Papa Francisco.

2. Maria e o social: uma relação que tem muito a ser descoberta

Não que Maria não tenha exercido influência no espaço público em muitos momentos históricos. Clodovis Boff, em seu livro "Mariologia social: o significado da Virgem Maria para a sociedade", mostra a grande influência de Maria no Ocidente.[2] E cita alguns autores, dentre eles o sociólogo norte-americano Andrew M. Greeley, para quem "Maria é, no Ocidente, o símbolo cultural mais poderoso e popular dos últimos dois mil anos"; o historiador Jeroslov Pelikan, para quem "Maria é o nome feminino pronunciado com mais frequência em todo o mundo ocidental", e as tocantes palavras de Miguel de Unamuno, que via em Maria um símbolo perene, um arquétipo supratemporal: "Passam os impérios, teorias, doutrinas, glórias, mundos inteiros, e permanece em inteira calma a eterna Virgindade e a eterna Maternidade, o mistério da pureza e o mistério da fecundidade".

Mas como esse mistério se confronta com os desafios de nosso tempo? Como ecoa em nosso mundo, com seus enormes abismos sociais, destruição socioambiental e perda de sentido na vida de tantos jovens?

---

[2] BOFF, *Mariologia social*, p. 19.

Especificamente, como a figura de Maria se relaciona e confronta o essencial tema da justiça social? Social que inclui, aqui, também a dimensão econômica, política, cultural e ecológica. Ora, se o ambiente cultural-religioso é o lugar mais direto e imediato de Maria, como ele se projeta ao universo econômico e ao complexo mundo da política, em que hoje se joga a maior parte das decisões e do compromisso que diz respeito aos coletivos humanos?

Ninguém poderá negar que Maria e a dimensão social fazem, ambas, parte de nossa fé. Não se questiona a presença ativa da Mãe do Senhor no desígnio salvífico de Deus, pela Encarnação. Por outro lado, também a construção social do *bem comum* constitui um dos pilares da vivência ética cristã e da doutrina social da Igreja. No entanto, como bem observou C. Boff, há um verdadeiro divórcio entre a devoção a Maria e a sociedade.[3] Nos dias de hoje, o Papa Francisco afirma que há um verdadeiro cisma entre o indivíduo e as demandas sociais, e conclama todos os cristãos e cristãs a construírem a "amizade social".[4]

Se olhamos os Evangelhos, a mariologia e a Doutrina Social da Igreja, ninguém deveria separar as expressões: "sou mariano/a" e "busco a justiça e a transformação social". Maria faz parte do credo dos primeiros séculos, Jesus "nasceu da Virgem Maria". Simultaneamente, a Doutrina Social da Igreja afirma que a luta pela justiça e a transformação social integram a missão da Igreja e a prática de todo cristão e cristã. A busca da justiça constitui eticamente a fé cristã e a tarefa da Igreja no mundo.

Então, por que o divórcio entre Maria e a sociedade? Nesse divórcio temos uma indevida alienação recíproca na qual nem a devoção mariana inspira o compromisso social, nem este considera Maria uma inspiração. Infelizmente, e como uma das fontes desta alienação, está a indiferença

[3] BOFF, *Mariologia social*, p. 21.

[4] FRANCISCO, *Fratelli tutti*, n. 99.

para com a dimensão sociopolítica da fé no interior do próprio seguimento de Jesus de muitos cristãos e cristãs! Por isso, em nossa sociedade, multiplicam-se Antônios dos Santos, Silvinas das Candeias, Violetas Silva e Silvanos Viola. Desprezando a dimensão social, deixam de ser sal da terra e luz do mundo (Mt 5,13-14).

3. O resgate da dimensão social na mariologia. Algo já caminhamos.

A teologia (dentro dela a mariologia), o magistério eclesiástico e a vida das comunidades e das pessoas avançam. Vejamos algo do caminho já percorrido do Concílio Vaticano II, acontecido no início dos anos sessenta, até hoje, no que diz respeito à relação entre Maria e a dimensão social da fé cristã.

O Concílio Vaticano II

Podemos iniciar olhando em grandes pinceladas o Concílio Vaticano II.[5] No capítulo VIII da Constituição Dogmática *Lumen Gentium*, que é dedicado a Maria, há algumas poucas referências à importância social de Maria. Dela se diz que "sobressai entre os humildes e pobres do Senhor"[6] e há uma pequena referência a que ela oferece o "óbulo dos pobres"[7], mostrando como Maria se encontra entre os pobres do Senhor. Curiosamente, a única referência ao *Magnificat* é o versículo de Lc 1,48: "Todas as gerações...", mas nada em relação aos poderosos e ricos, aos humildes e famintos (Lc 1,52-53). Por sua vez, o documento do Concílio que ilumina a relação entre a Igreja e a sociedade, a *Gaudium et spes*, não se refere, em nenhum

[5] BOFF, *Mariologia social*, p. 72-73.

[6] VATICANO II, *Lumen Gentium*, n. 55.

[7] VATICANO II, *Lumen Gentium*, n. 57.

momento, a Maria, como se ela não se relacionasse com a sociedade ou mesmo com a história.

A produção teológica

Na produção teológica o déficit social na mariologia vai sendo pouco a pouco superado, com a contribuição de teólogos e teólogas como Clodovis Boff, Ivone Gebara, Maria Clara Bingemer, Lina Boff, Afonso Murad e outros.[8] Nesta superação, o aprofundamento no sentido do *Magnificat* adquire particular importância. O significativo estudo de Afonso Murad sobre esse Cântico ressalta a articulação entre louvor e profetismo.[9] Maria anuncia com fé, alegria, coração aberto e cheia do Espírito, que Deus tem compaixão pelos pobres, está perto da miséria humana e que é possível uma nova convivência social e ecológica. Proclama a reviravolta pela qual Deus dispersa os soberbos de coração e derruba os poderosos de seus tronos, realizando a salvação a partir dos fracos e dos humildes, que são elevados (Lc 1,51-52). Nas palavras do Cântico, Deus enche de bens os famintos e despede os ricos de mãos vazias (Lc 1,53). Profecia realizada por Jesus com sua "inversão messiânica", em que os últimos da sociedade são os primeiros no Reino de Deus e os primeiros na sociedade excludente são os últimos (Lc 13,30.14,9). Na pregação e ação de Jesus, a partilha do pão recebe lugar especial, realizada na multiplicação dos pães e em sua forma de refeição junto aos pobres e pecadores. O Reino de Deus é inaugurado junto com e a partir dos que mais necessitam, a começar pelo básico do alimento e projeta-se

---

[8] No Brasil, lembramos, entre outras, a já mencionada obra de Clodovis BOFF, *Mariologia social*, as obras de Ivone GEBARA e Maria Clara BINGEMER, *Maria, Mãe de Deus e mãe dos pobres* (Petrópolis: Vozes, 1987), de Lina BOFF, *Maria na vida do povo*. Ensaios de mariologia na ótica latino-americana e Caribenha. (São Paulo: Paulus, 2001) e de Afonso MURAD, *Maria, toda de Deus e tão humana* (São Paulo: Paulinas; Aparecida: Santuário, 2012).

[9] MURAD, *Maria, toda de Deus e tão humana*, p. 69-88.

à dimensão social como um todo, em direção a maior justiça, sobriedade no consumo e respeito ecológico.

Digna de nota é a revalorização atual, por parte de protestantes e católicos, do comentário ao *Magnificat* escrito por Martim Lutero no século XVI.[10] No comentário, Maria é modelo da ética cristã e uma referência para os governantes em seu ato de bem governar segundo o Evangelho, com justiça, humildade e misericórdia.

Os documentos magisteriais

Com relação a documentos magisteriais, alguns evidenciam a dimensão social da figura de Maria por meio da importância central que concedem ao cântico do *Magnificat*. Nessa linha encontramos a *Marialis cultus* (1974), de Paulo VI; a *Redemptoris Mater* (1987), em que João Paulo II nos diz que "o *amor preferencial pelos pobres* acha-se admiravelmente inscrito no *Magnificat* de Maria". E que Maria expressa, nesse Cântico, a certeza de que "não se pode separar a verdade a respeito de Deus que salva, de Deus que é fonte de toda a dádiva, da manifestação de seu amor preferencial pelos pobres e pelos humildes, amor que, depois de cantado no *Magnificat*, encontra-se expresso nas palavras e nas obras de Jesus"[11]. Na *Sollicitude rei socialis* (1987), o mesmo Papa, apoiado em João 2,3 e Lucas 1,52-53, afirma que a solicitude materna de Maria "interessa-se pelos aspectos pessoais e sociais da vida dos homens sobre a terra"[12].

Olhemos mais de perto alguns textos importantes da *Marialis cultus*, de Paulo VI, mencionada no parágrafo anterior. Comecemos com a afirmação de que Maria não foi submissa ou socialmente alienada:

---

[10] LUTERO, *Magnificat*: o Louvor de Maria.
[11] JOÃO PAULO II, *Redemptoris mater*, n. 37.
[12] JOÃO PAULO II, *Sollicitudo rei socialis*, n. 49.

> ... a mulher contemporânea... verificará, com grata surpresa, que Maria de Nazaré, apesar de absolutamente abandonada à vontade do Senhor, longe de ser uma mulher submissa ou de uma religiosidade alienante, foi, sim, uma mulher que não duvidou em afirmar que Deus é vingador dos humildes e dos oprimidos e derruba de seus tronos os poderosos do mundo (cf. Lc 1,51-53).[13]

Maria é caracterizada como mulher forte e experimentada na pobreza e no sofrimento:

> é mulher forte, que conheceu de perto a pobreza e o sofrimento, a fuga e o exílio (cf. Mt 2,13-23) – situações estas que não podem escapar à atenção de quem quiser secundar, com espírito evangélico, as energias libertadoras do homem e da sociedade.

Paulo VI, na *Marialis cultus*, afirma de forma contundente que a religiosidade não aliena: Maria é ativa e presente em seu tempo; não é uma mulher submissa, mas senhora de si, sujeito que articula silêncio e palavra audaz; Maria é profética e libertadora, corajosa e destemida; teve olhos para ver Deus e dizer quem ele é: vingador dos humildes (redentor, defensor – *go'el*) e dos oprimidos, aquele que provoca um dinamismo social em favor dos pobres e humilhados, que ganham a vez no Reino de Deus, enquanto os poderosos do mundo são retirados de seu trono. Maria vê a Deus a partir do reverso da história, junto aos humilhados da terra, ele é o Deus das inversões e reviravoltas.

Para ter olhos para ver a mãe do Senhor como modelo e exemplo de pessoa humana, é preciso lembrar o que Paulo VI ressaltou contundentemente: a humanidade de Maria. Ela é mãe, mas é, também, nossa irmã:

---

[13] PAULO VI, *Marialis cultus*, n. 37, 2.

> Maria, de fato, é da nossa estirpe, verdadeira filha de Eva, se bem que isenta do labéu [mancha da reputação, desonra, desdouro] do mal, e nossa verdadeira irmã, que compartilhou plenamente, mulher humilde e pobre como foi, a nossa condição.[14]

No trabalho de docência e pastoral, alguns teólogos e teólogas, percebemos certo estranhamento de muitos fiéis ao termo "irmã" aplicado a Maria, pois lhes parece reduzir a honra da "Mãe". Mas, lembremos. Com o termo "irmã", Paulo VI deseja ressaltar o vínculo de humanidade que nos une à Mãe de Deus. Muitas comunidades veem Maria como companheira no caminho, ao nosso lado. Companheira nas lidas, nas lutas sociais, pobre com os pobres (que são a maior parte da população deste mundo), mulher com as mulheres.[15] A expressão "irmã" visibiliza e enfatiza a dimensão antropológica de Maria na teologia, para vê-la como mulher com uma existência forte e motivante para o seguimento do Deus da vida.

O magistério latino-americano

No caminho de resgate da dimensão social da mariologia, são essenciais os documentos do magistério latino-americano, por meio das Conferências Episcopais Latino-americanas e Caribenhas. Traremos aqui apenas o *documento de Puebla* (1979), que ressalta o sentido do *Magnificat*.[16]

Puebla nos diz que o *Magnificat* é o "espelho da alma de Maria", um ponto culminante da espiritualidade dos *anawin* [pobres de Iaweh] e do profetismo. Ele "anuncia o

---

[14] PAULO VI, *Marialis cultus*, n. 56.

[15] BOFF, *Maria na vida do povo*.

[16] Para o conjunto das conferências, indicamos BOFF, Lina. *A figura da Virgem Maria nas Conferências Gerais do Episcopado da América Latina e Caribe*. Aparecida: Santuário, 2022.

novo Evangelho de Cristo" e é o "prelúdio do Sermão da montanha".[17]

A figura de Maria é claramente associada à *opção preferencial pelos pobres.* Afirma que o *Magnificat* articula a salvação de Deus com a justiça para com os pobres e que de Maria surge a inspiração do compromisso com a transformação social.[18] No documento de *Puebla* Maria é ativa, protagonista da história: primeiro pelo seu sim à Encarnação do Verbo e ao longo de sua vida; depois, por sua atuação nos céus.[19] E, do ponto de vista antropológico, é protagonista pela atuação junto ao filho, nos Evangelhos, por sua inspiração em superar estruturas de pecado[20]. *Puebla* afirma que os cristãos e cristãs se identificam com Maria em sua pobreza e sofrimento, e em suas lutas contra as injustiças[21].

No *Magnificat,* Maria se mostra contra toda passividade diante da injustiça e do sofrimento. Ela é modelo:

> modelo para os que não aceitam passivamente as circunstâncias adversas da vida pessoal e social, nem são vítimas da alienação, como se diz hoje, mas que proclamam com ela que Deus "exalta os humildes" e, se for o caso "derruba os poderosos de seus tronos".[22]

Forte é também a associação de Maria à encarnação do Evangelho na história e nas vidas concretas do povo, no documento de Puebla: "sem Maria desencarna-se o Evangelho"[23]. Portanto, nada semelhante ao culto abstrato, sem enraizamento na concretude da vida, com suas implicações simultaneamente emocionais e éticas, pode ser associado a Maria.

---

[17] CELAM. *Puebla*, n. 297.
[18] CELAM. *Puebla*, n. 1.144.
[19] CELAM. *Puebla*, n. 293.
[20] CELAM. *Puebla*, n. 28.
[21] CELAM. *Puebla*, n. 567.
[22] CELAM. *Puebla*, n. 297
[23] CELAM. *Puebla*, n. 301.

Uma história que cria nova sensibilidade aos que se abrem a ela

Portanto, vemos como nas décadas de 70 e 80 surge um movimento vigoroso de associação entre Maria e a sociedade, em que a mulher e o homem contemporâneos estão inseridos. Esta realidade não deixou de ser aprofundada na vida concreta de milhares de comunidades cristãs, especialmente as Comunidades Eclesiais de Base.

A relação entre Maria e a justiça social terá chegado a Antônio dos Santos e sua esposa sem nome? Teria chegado a Violeta Silva ou a Silvano Viola? A sensibilidade que adquire olhos para ver Maria como mulher ativa em seu contexto teria chegado a Silvina das Candeias? Certamente não, a história de nossos personagens fictícios o mostram bem.

Mas, é gestada uma novidade na América Latina: esta nova sensibilidade chegou a um jesuíta argentino concreto, Jorge Bergoglio, nosso Papa Francisco. A relação entre Maria e a sociedade entrou em seu coração, em sua espiritualidade e em seu magistério. Aliás, a relação entre vivência cristã e sociedade é uma relação presente em toda a sua teologia. "Ninguém se salva sozinho", escreveu muitas vezes; "Povo e pessoa são termos correlativos", esclareceu na *Fratelli tutti*.[24] Na espiritualidade de Francisco, é preciso, simultaneamente, ouvir as escrituras, ouvir a natureza e ouvir o povo. Francisco se encontra nesse movimento teológico-espiritual de evidenciar a relação entre mariologia e sociedade.

4. A dimensão social da mariologia do Papa Francisco

A mariologia de Francisco é feita no sulco aberto pelo Concílio Vaticano II e fortalecida pela energia evangélica gestada em nosso continente.

---

[24] FRANCISCO, *Fratelli tutti*, n. 182.

Ela vem com o tempero da sensibilidade da Igreja latino-americana para com a justiça social, com a boa pimenta das Conferências episcopais latino-americanas de Medellín, Puebla, Santo Domingo e Aparecida. Lembremos que o cardeal Bergoglio, hoje, Papa Francisco, foi secretário geral dessa última Conferência. Todas elas afirmam irrevogável *opção preferencial pelos pobres*, preparada desde Medellín. A mariologia de Francisco vem com o sabor e o colorido da espiritualidade e mística populares. É enriquecida pela espiritualidade inaciana própria dos jesuítas e pela experiência pastoral de um verdadeiro pastor. É uma mariologia fundamentada em uma potente antropologia teológica integral, integrada e integradora, que vê o ser humano como coração, olhar, mãos e pés que caminham na história, chamado a ser livre e responsável em suas relações fundamentais, simultaneamente com Deus, com os demais em sociedade e como povo, com a natureza e consigo mesmo. Os grandes escritos de Francisco evidenciam estas características. Destacamos, nesse sentido, aqueles que trabalham mais diretamente as questões sociais: as Exortações *Evangelii Gaudium* e *Querida Amazônia* e as Encíclicas *Laudato Si'* e *Fratelli Tutti*.

O Papa Francisco não deseja tirar Maria do andor, mas a deseja igualmente caminhando ao nosso lado e em nós como espelho e exemplo. Por isso é preciso se perguntar: qual Maria está no andor? Não pode ser uma Maria vista como alienada e que aliena socialmente, mas a mulher forte dos Evangelhos, glorificada por Deus, aliada da Igreja em saída.

Não alienada da sociedade, mas aliada na vida em sociedade.

5. Maria para o Papa Francisco: aliada da Igreja em saída e de uma sociedade de irmãos e irmãs

A presença de Maria emerge com força no pontificado do Papa Francisco, em seus documentos principais, mas também nas homilias, em santuários marianos, orações e momentos diversos. Nela está concentrada a concretização de uma nova Igreja e de uma nova humanidade, sensível e solidária, gemendo em dores de parto pela justiça.

O pano de fundo da mariologia de Francisco é o da necessária renovação eclesial. Renovação que passa pela construção de novas relações, mais justas. Especialmente as relações com os pobres, os invisibilizados, os descartados, os refugiados, os que lutam para sobreviver com dificuldade, os que defendem o direito de viver segundo suas próprias culturas, como os povos amazônicos. E a relação com a casa comum, nosso planeta que se encontra em processo de destruição, o que implica destruição da própria humanidade. Maria é aliada da concretização de um sonho socioambiental na Amazônia e em todos os espaços vitais de nossos contemporâneos.

A figura de Maria, na mariologia de Francisco, surge em coerência com esse dinamismo renovador, transformador e libertador. Em Maria, a humanidade pode se ver em sua alta vocação da vida nova em Cristo, em uma conversão que atinge todas as relações, povos e planeta.

O convite de Francisco, realizado com realismo e esperança, é para viver, de verdade, uma vida nova, na jovialidade do Espírito. E viver é conviver, como livres e libertados. Trata-se de um projeto grande, que mexe com a mentalidade tecnocrática que destrói o meio ambiente, com os sistemas financeiros globalizados que são sempre acompanhados pela produção de pobreza, com os interesses unilaterais de países, empresas ou indivíduos. Nesse contexto não isento de conflito, no espelho de Maria pode se ver a Igreja, cada cristão, a humanidade e a criação restauradas, livres e libertadas. E ela é ao mesmo tempo inspiração para a conversão social em direção à justiça.

6. Crítica do Papa Francisco a uma imagem não cristã de Maria

Francisco percebe que é preciso um confronto. É necessária a crítica a uma imagem incorreta, não cristã e idolátrica de Maria. A crítica mariológica mais contundente foi realizada em Fátima, em 2017, por ocasião do Centenário das aparições da Virgem Maria na Cova da Iria, aos pastorzinhos Francisco, Jacinta e Lúcia. O Papa saudava os peregrinos, na capelinha das aparições.[25]

Ali, Francisco faz um questionamento surpreendente. Afirma que os peregrinos são peregrinos com Maria, mas questiona: "Qual Maria?" Esta pergunta é, na verdade, endereçada a todo o povo de Deus, a nós, aos teólogos e teólogas, aos devotos, aos pastores. Qual Maria? O grande problema apontado, como veremos, é a desvinculação entre a figura de Maria idealizada e aquela Maria dos Evangelhos.

O Papa pergunta, "Qual Maria"? Seria ela uma mestra ou alguém inatingível?

> uma "Mestra de vida espiritual", a primeira que seguiu Cristo pelo caminho "estreito" da cruz dando-nos o exemplo, ou seria uma Senhora "inatingível" e, consequentemente, inimitável?

Tão longe, no andor, Maria não pode ser companheira e força no caminho em sociedade. Como ela pode ajudar a conduzir uma nova evangelização a partir de dentro da vida concreta, se é inatingível? Se ela é inimitável,

[25] FRANCISCO, *Saudação*.

como pode inspirar nossas ações e gerar confiança para caminhar?

O questionamento continua, forte, agora no sentido da fé de quem a invoca. Maria seria uma milagreira a baixo preço? Ela é:

> "Bendita por ter acreditado" (cf. Lc 1,42.45) sempre e em todas as circunstâncias nas palavras divinas, ou uma "Santinha" a quem se recorre para obter favores a baixo preço?

O contraste do questionamento não poderia ser mais claro. Maria é a mulher dos Evangelhos, cujo testemunho anima nossa fé, e não uma figura mitológica a quem recorrer, a "baixo preço".

Ainda outro questionamento, desta vez entrando de cheio nos problemas cristológicos, que veem Maria mais misericordiosa e melhor que Cristo. Seria Maria a:

> Virgem Maria do Evangelho venerada pela Igreja orante, ou uma esboçada por sensibilidades subjetivas que a veem segurando o braço justiceiro de Deus pronto a castigar: uma Maria melhor do que Cristo, visto como Juiz impiedoso; mais misericordiosa que o Cordeiro imolado por nós?

O erro de considerar Maria mais misericordiosa do que Cristo, visto como impiedoso, é claramente mencionado pelo Papa Francisco. Imagem tão bem retratada, com humor, na obra brasileira do *Auto da compadecida*, de Ariano Suassuna. Trata-se de um erro que exige purificação, por quê? Porque valoriza Maria ao desvalorizar o próprio Cristo. Ora, se Jesus é mais impiedoso que Maria, como ela poderia conduzir ao discipulado do Filho? Simplesmente não poderia. Nenhum medo ou temor é compatível com a vida de Maria e consequentemente com a fé cristã, ao contrário, a força de Maria é a força do Evangelho.

O pior na devoção mariana é desvinculá-la dos Evangelhos! Desencarnar e manipular Maria. Este tipo de devoção não é verdadeiro. Não pode ser fonte de verdadeira mariologia. Esta desencarnação é bem trabalhada na Conferência de Puebla, como já foi mencionado: sem Maria, o Evangelho se desencarna.

Qual é então o caminho mariológico de Francisco? Podemos resumir que o Papa articula muito bem a Maria do andor, glorificada, com aquela que é modelo e exemplo para um caminho concreto dos cristãos e cristãs, presente nos Evangelhos. O ponto de partida são os Evangelhos, pois a mãe do Senhor é glorificada precisamente porque viveu como viveu.

7. A mariologia integrada e dinâmica de Francisco: quatro pontos

A teologia de Francisco é sempre pastoral, um serviço ao discernimento da ação da Igreja. Ilumina caminhos de transformação para a vivência concreta que leva a um mundo novo, que inclui as relações sociais e a justiça socioambiental. Uma teologia que parte da vida diminuída pelo sofrimento, pela injustiça e omissão para uma vida maior, iluminada pelo Evangelho: mais justiça, não descarte de pessoas, superação da pobreza, superação da apatia religiosa e social, cuidado com o planeta.

Os escritos mariológicos do Papa Francisco em seus documentos, homilias em Santuários marianos e pronunciamentos diversos seguem uma lógica constante, ou um encadeamento de reflexão que, como uma espiral, avança. E avança unindo o que podemos enumerar em quatro pontos.[26]

---

26 PEDROSA-PÁDUA, Lúcia. *Uma Igreja mariana no magistério do Papa Francisco*, p. 146-147.

Primeiro ponto da mariologia do Papa Francisco

Há uma situação *de partida e de chegada concreta*: a vida concreta do povo que recorre a Maria e os que sofrem. São rostos concretos como, por exemplo, mães e avós mexicanas, mulheres paraguaias, trabalhadores desempregados, refugiados, crianças maltratadas, os povos indígenas massacrados etc, ou mesmo a vida do próprio planeta ou partes dele, como a Amazônia, destruídos pela ganância de alguns grupos. Francisco entra, por dentro, na narrativa existencial dos que vão ao encontro da Mãe do Senhor nas ruas, em suas casas ou nos Santuários e dos que precisam de ajuda.

Segundo ponto da mariologia do Papa Francisco

Há um estudo/contemplação de *Maria nos Evangelhos*. Ela é contemplada em suas atitudes e ações, em suas palavras audazes, em sua vida familiar. Contemplando, o Papa ressalta características referenciais da mãe de Jesus, da perfeita discípula, da missionária pronta a sair, da mãe de discípulos, da mãe que suplica o Espírito no início da Igreja, da mãe que serve ao misterioso e universal projeto de Deus, da sábia que descobre os caminhos de Deus na história, da mulher que vê os caminhos da vida com os olhos da fé etc. Nesse segundo ponto, Francisco ajuda a descobrir a forma de crer, de ser, de falar e de agir de Maria. A teologia narrativo-querigmática, nesse olhar, ganha preferência.

Terceiro ponto da mariologia do Papa Francisco

A vida terrena de Maria nos Evangelhos é projetada e ampliada na existência glorificada de Maria. Há assim uma *ampliação projetiva* da realidade terrena, misteriosa e, por vezes, obscura e escondida, vivida por Maria nos

Evangelhos, para uma realidade luminosa e forte – gloriosa – que atinge o social, o comunitário, o eclesial e mesmo a realidade cósmica, própria da existência glorificada da Mãe de Deus e da maternidade espiritual de Maria ou mediação participada.

O testemunho terreno e limitado de acolhida do Espírito é ampliado e perpetuado nos céus. Assim, a vida de Maria se apresenta como inspiração para uma existência e uma realidade novas, aqui na terra, em todos os lugares e tempos. Esta ampliação é muitas vezes precedida da expressão "**por isso**", para mostrar a relação com a Virgem Maria do Evangelho.

Quarto ponto da mariologia do Papa Francisco

Retorno à vida concreta do fiel que recorre a Maria e daquele que sofre, como mencionado no primeiro ponto.

Nesse retorno, há uma *indicação de caminhos de conversão*, reorientação e renovação da vida concreta e terrena, como pessoas humanas, como sociedade e como Igreja. O Povo de Deus avança diferente, acompanhado e encorajado pela Mãe e irmã Maria. Também nesta indicação de caminhos de reorientação da vida, no hoje da história, encontramos a expressão "**por isso**", para mostrar a relação entre Maria e a realidade nova do cristão/ã, da humanidade, dos pobres, do cosmos.

Esses quatro pontos unem um encadeamento reflexivo e dinâmico, podemos dizer, em espiral, encontrado nos documentos maiores do Papa Francisco, nas homilias e nos discursos, nos Santuários marianos e outros. O ponto de partida é a vida concreta do povo, com as relações sociais e ambientais rompidas; a luz vem do Evangelho, para uma recondução em direção a maior justiça e cuidado.

Esta articulação nos ajuda a estabelecer relação entre a vida de Maria, a vida do fiel, a sociedade, a Igreja, a vida na terra. Não há alienação entre Evangelho e vida. Não há glorificação vazia de Maria, a modo de ritualismo vazio. Não há individualismos que geram indiferença ou fechamento. Maria e Jesus não se estranham ou contrapõem. Por isso a ligação apenas ritual com a Mãe de Deus é chamada a ser modificada e o amor do povo faz dela uma inspiração para a Igreja, para a humanidade, para os povos em sociedade.

8. Mariologia integrada do Papa Francisco em seus documentos sociais

Vejamos alguns exemplos desta mariologia do Papa Francisco presente nos documentos mais diretamente ligados à vida social: as exortações *Evangelii Gaudium* e *Querida Amazônia* e as encíclicas *Laudato Si'* e *Fratelli Tutti.*[27] Buscamos identificar nelas os quatro pontos acima mencionados:

a) a situação concreta;

b) a contemplação de Maria nos Evangelhos;

c) a ampliação projetiva diante da Mãe de Deus;

d) a indicação de caminhos de conversão.

Na Exortação *Evangelii Gaudium* Francisco tem em mente a Igreja em saída para as periferias existenciais, mas percebe uma forte oposição tanto na cultura individualista quanto dentro da própria Igreja que, em muitos lugares, tornou-se autocentrada. Como sair? É esta a realidade (situação concreta) apresentada a Maria, como "Estrela da nova evangelização"[28]. Maria pode inspirar esta Igreja comprometida, em saída; ela pode imprimir um "estilo

[27] Busquei trabalhar os demais documentos: *Lumen Fidei*, *Amoris Laetitia*, *Gaudete et Exsultate*, bem como o Discurso de Francisco aos Bispos do CELAM (maio 2017) em PEDROSA-PÁDUA, Lúcia. *Uma Igreja mariana no magistério do Papa Francisco.*

[28] FRANCISCO, *Evangelii Gaudium*, n. 287, Título.

mariano"[29] na atividade evangelizadora da Igreja. Como? Olhando para ela (contemplação) percebemos um dinamismo espiritual que articula "justiça e ternura" e também "contemplação e caminho". Maria une dimensões de mística com profecia social, de oração com ação. Vejamos as principais articulações marianas propostas na *Evangelii Gaudium*:

> – *Justiça e ternura*: Maria articula a *justiça*, como nos evidencia seu grito no *Magnificat* – ela louvava a Deus porque Ele "derrubou os poderosos de seus tronos" e "mandou embora os ricos de mãos vazias" (Lc 1,52.53) – com a *ternura-afeto-humildade*, que "assegura o aconchego de um lar", humaniza o mundo e, longe ser uma fraqueza, é, ao contrário, característica revolucionária dos fortes[30];
> – *Contemplação e caminho para os outros*: Maria articula o espírito contemplativo, que possibilita "reconhecer os vestígios do Espírito de Deus", tanto nos grandes acontecimentos, como nos acontecimentos aparentemente imperceptíveis, com a prontidão para caminhar, pois ela sai "apressadamente" (Lc 1,39) de sua terra para ir ajudar os outros – por isso ela é Senhora da Prontidão.

Por isso, por esta dinâmica articuladora vivida na história, agora glorificada (ampliação projetiva), Maria pode ser um modelo eclesial para a evangelização, para que a Igreja se torne "uma casa para muitos, uma mãe para todos os povos e torne possível o nascimento de um mundo novo"[31] (indicação de caminhos de conversão).

Na Encíclica *Laudato Si'*, vemos a mesma circularidade que avança em espiral. Francisco, após apresentar a situação socioambiental desastrosa, em que o descaso para com os pobres e descarte de tantas pessoas estão associados à depredação dos recursos do planeta (situação

---

[29] FRANCISCO, *Evangelii Gaudium, n.* 288.

[30] Vale a pena ler o estudo de Alexandre Awi sobre a "Revolução da ternura", em que o Papa Francisco, em entrevista, diz que a ternura é como "um voltar ao centro, ao fato de como Deus te ama como Pai", AWI, "Ela é minha mãe!", p. 189.

[31] FRANCISCO, *Evangelii Gaudium*, n. 288.

concreta), dirige-se a Maria como "Mãe e Rainha de toda a criação"[32]. Olha para sua vida terrena de cuidado para com Jesus (contemplação) e avança: tendo cuidado de Jesus, cuida agora do mundo ferido; tendo chorado com o sofrimento e morte do filho, ela agora se compadece do sofrimento dos pobres e das criaturas deste mundo exterminadas pelo mal uso do poder humano; tendo guardado no coração a vida de Jesus (Lc 2,51), compreende agora o sentido de todas as coisas (ampliação projetiva). **Por isso** podemos pedir a Maria que nos ensine a contemplar este mundo com mais sabedoria, no sentido de perceber os caminhos do cuidado e compaixão, bem como o princípio de misteriosidade que acompanha toda a criação (indicação de caminhos de conversão). **Por isso**, ela antecipa a esperança de toda a criação, de viver a plenitude doada na ressurreição de Cristo.

Na Exortação *Querida Amazônia*, Francisco demonstra inicialmente todas as suas preocupações e sonhos sociais, culturais, eclesiais e ecológicos, colocando no centro o necessário protagonismo dos povos originários. Francisco deseja ações concretas relativas ao resgate da dignidade e à construção da justiça para com os povos indígenas, ribeirinhos e quilombolas (situação concreta). Na oração final, nomeia Maria como "Mãe da vida", ressaltando a maternidade de Maria. Em seu seio materno formou-se Jesus, que é o Senhor de tudo o que existe (contemplação). Em seguida amplia esta maternidade com a luz da ressurreição. "Ressuscitado, ele transformou-vos com sua luz e fez-vos Rainha de toda a criação", escreve Francisco (ampliação projetiva). Observemos como, nessa Exortação, temos dois títulos mutuamente relacionados: "Mãe da vida", falando de Maria no Evangelho, e "Rainha da criação", referindo-se a Maria glorificada. **Por isso**, continua Francisco, "vos pedimos que reineis, Maria, no

[32] FRANCISCO, *Laudato Si'*, n. 241.

coração palpitante da Amazônia" – eis a reconversão da orientação de vida. Há uma admirável mariologia que parte da Maria dos evangelhos e se entrelaça com o alcance universal da "Mãe da vida", na *Querida Amazônia*.

Na Encíclica *Fratelli Tutti*, Francisco tem em mente especialmente os pobres, os refugiados, os que sofrem pelas guerras e pela violência, as vítimas diárias do racismo, os desprezados deste mundo, os deixados na beira do caminho, à espera da Igreja samaritana (situação concreta). Maria, a Mãe de Jesus, é a que serve e a que "recebeu junto da Cruz esta maternidade universal (cf. Jo 19,26) e cuida não só de Jesus, mas também do 'resto de sua descendência' (Ap 12,17)..."[33] (contemplação). Esta mulher servidora que cuidou de Jesus, agora, gloriosa, "com o poder do Ressuscitado, quer dar à luz um mundo novo, onde todos sejamos irmãos, onde haja lugar para cada descartado das nossas sociedades, onde resplandeçam a justiça e a paz [ampliação projetiva]"[34]. Como ela, a Igreja é chamada a ser servidora e geradora de fraternidade (indicação de caminhos de conversão):

> Como ela, queremos ser uma Igreja que serve, que sai de casa, que sai de seus templos, que sai de suas sacristias, para acompanhar a vida, sustentar a esperança, ser sinal de unidade (...) para lançar pontes, abater muros, semear reconciliação.[35]

Francisco relaciona a maternidade universal de Maria com o cuidado e fraternidade universais. Se a vida da mãe do Senhor é caminho de fraternidade, sua maternidade gera fraternidade. Embora Francisco não dê um título a Maria, na Encíclica *Fratelli Tutti*, pensamos que ela poderia ser chamada de "Mãe de um mundo novo".

---

[33] FRANCISCO, *Fratelli tutti*, n. 278.

[34] FRANCISCO, *Fratelli tutti*, n. 278.

[35] FRANCISCO, *Fratelli tutti*, n. 276.

Muitos outros exemplos poderiam ser dados, e há importantes deles nas homilias realizadas em Santuários e pronunciamentos, como a homilia no Santuário de Caacupé (Paraguai) e tantos outros, ou o discurso aos Bispos do CELAM sobre Nossa Senhora Aparecida. Nesse, Aparecida é vista como aquela que se coloca no caminho dos trabalhadores da pesca e símbolo da Igreja que vai ao encontro dos que precisam.

Conclusão

Inquieta e intrigante a dissociação vivida por não poucos cristãos e cristãs entre a justiça social e a devoção mariana. As histórias fictícias, apresentadas ao início do texto, exemplificaram algumas destas atitudes. A mariologia possui a tarefa de contribuir para a integração da devoção mariana no caminhar cristão que possui inequívoca dimensão social.

Um caminho mariológico já foi percorrido na integração entre mariologia e dimensão social. Ganham relevo o Concílio Vaticano II, o documento *Marialis cultus* de Paulo VI, o magistério latino-americano, a reflexão teológica de autores e autoras importantes no Brasil e América Latina. O estudo do *Magnificat* mostrou-se uma importante chave de leitura para aprofundar a amplitude social, política e ecológica da figura de Maria e da devoção mariana.

O Papa Francisco apresenta grande contribuição a uma mariologia integrada e dinâmica, com forte dimensão social. Maria é para ele inspiração e aliada da Igreja em saída e de uma sociedade de irmãos e irmãs. Mas é preciso também realizar a crítica a uma imagem não cristã de Maria, que a desvincula dos Evangelhos e a vê ora como mulher inatingível, não uma mestra da vida; ora como uma fonte de favores a baixo preço, não a mulher de fé. E ainda mais: dissociada e em oposição a Cristo, mais piedosa e misericordiosa que Ele.

A mariologia de Francisco é dinâmica e une quatro pontos, como um círculo que avança em espiral. Parte da vida concreta do povo com suas necessidades (primeiro ponto), vai ao Evangelho para contemplar Maria profundamente em suas atitudes e palavras (segundo ponto), em seguida tira todas as consequências desta contemplação amplificada na vida glorificada da Mãe de Deus (terceiro ponto). Com este olhar iluminado, volta à vida concreta do povo com orientações à conversão (quarto ponto). E o círculo recomeça.

Francisco não tira Maria do andor, mas mostra o porquê de ela estar lá: sua relação única com a novidade do Evangelho de Cristo e sua presença transformadora entre nós. Esta é a riqueza da articulação mariológica de Francisco. O Papa deseja levar ao andor a vida de cada cristão, da Igreja, da criação, por meio da eloquência da vida de Maria de Nazaré, moldada pelo Espírito. Nesse sentido, podemos dizer, em poucas palavras, que a mariologia de Francisco articula as duas partes da oração da Ave-Maria: a primeira estrofe, bíblica, que ressalta a novidade que estremeceu a jovem de Nazaré, e a segunda estrofe, direcionada à Mãe de Deus, glorificada e venerada pelos povos, participante do múnus mediador do Filho. Nesta articulação, a Mãe de Deus e Rainha da Criação só pode ser compreendida a partir da Virgem Maria do Evangelho.

Diante disso, como ficaria nosso Antônio dos Santos, personagem fictício? Ele carrega o andor de Nossa Senhora, mas bate na mulher. O que estaria faltando a ele e a tantos em sua espiritualidade mariana?

E Silvina das Candeias, nossa segunda personagem fictícia, que ama muito Nossa Senhora de Fátima, mas nutre um grande desprezo pelos pobres. O que lhe faltaria?

Violeta Silva, também personagem fictícia, ama Nossa Senhora das Dores, mas detesta política e se aliena de tudo o que diz respeito à sociedade. O que lhe falta?

E Silvano Viola, nosso último personagem fictício, que dá a vida na associação dos amigos da Mata Atlântica, mas não vê nenhuma relação dessa ação com a religião, particularmente com Maria? Como dizer a ele que religião não é alienação, se é isso o que ele vê e percebe?

Dizemos a eles que a dimensão social, econômica, cultural e socioambiental é parte intrínseca da mariologia atual, por fidelidade ao Evangelho e à "Virgem Maria do Evangelho", na expressão de Papa Francisco, em seu discurso, no Santuário de Fátima, como vimos.

Como seria bom se a água da fé regasse a vida inteira, em todas as suas dimensões. A terra seria o paraíso verdejante!

Referências bibliográficas

AWI, Alexandre. *"Ela é minha mãe!"*. Encontros do Papa Francisco com Maria, 2014.

BOFF, Clodovis. *Mariologia social*: o significado da Virgem Maria para a sociedade, 2006, 4ª reimp. São Paulo: Paulus, 2016.

BOFF, Lina. *Maria na vida do povo*. Ensaios de mariologia na ótica latino-americana e Caribenha. São Paulo: Paulus, 2001.

BOFF, Lina. *A figura da Virgem Maria nas Conferências Gerais do Episcopado da América Latina e Caribe*. Aparecida: Santuário, 2022.

CELAM. III CONFERÊNCIA GERAL DO EPISCOPADO LATINO-AMERICANO. Puebla, 1979. Evangelização no presente e no futuro da América Latina. In: *Documentos do CELAM*. Rio de Janeiro, Medellín, Puebla, Santo Domingo. São Paulo: Paulus, 2005. p. 225-584.

COMPÊNDIO DO VATICANO II. Constituição dogmática *Lumen Gentium*. 20ª ed. Petrópolis: Vozes, 1989, p. 37-117.

FRANCISCO, PP. Carta Encíclica *Fratelli tutti*. Sobre a fraternidade e a amizade social. São Paulo: Paulinas, 2020a.
FRANCISCO, PP. Carta Encíclica *Laudato Si'*. Sobre o cuidado da casa comum. Brasília: CNBB, 2015.
FRANCISCO, PP. Exortação Apostólica *Evangelii Gaudium*. A alegria do Evangelho. Brasília: CNBB, 2013b.
FRANCISCO, PP. Exortação apostólica pós-sinodal *Querida Amazônia*. Ao povo de Deus e a todas as pessoas de boa vontade. São Paulo: Paulinas, 2020b.
FRANCISCO, PP. *Saudação*. Bênção das Velas. Fátima, 12 de maio de 2017. Disponível em: https://www.vatican.va/content/francesco/pt/speeches/2017/may/documents/papa-francesco_20170512_benedizione-candele-fatima.html [acesso em 13/12/2023].
JOÃO PAULO II, PP. Carta Encíclica *Redemptoris mater* sobre a Bem-aventurada Virgem Maria na vida da Igreja que está a caminho, 1987. Disponível em: https://www.vatican.va/content/john-paul-ii/pt/encyclicals/documents/hf_jp-ii_enc_25031987_redemptoris-mater.html [acesso em 13/12/2023].
JOÃO PAULO II, PP., Carta Encíclica *Sollicitudo rei socialis* pelo vigésimos aniversário da Encíclica *Populorum progressio*, 1987. Disponível em https://www.vatican.va/content/john-paul-ii/pt/encyclicals/documents/hf_jp-ii_enc_30121987_sollicitudo-rei-socialis.html [acesso em 13/12/2023].
LUTERO, Martim. *Magnificat*: o Louvor de Maria. Adaptação do texto: Rui J. Bender. 2.impr. São Leopoldo: Sinodal; Aparecida: Santuário, 2015 [1521].
MURAD, Afonso. *Maria, toda de Deus e tão humana*. Compêndio de mariologia. São Paulo: Paulinas/Santuário, 2012.
PAULO VI, PP. Exortação apostólica *Marialis cultus* para a reta ordenação e desenvolvimento do culto à Bem-aventurada Virgem Maria, 1974. Disponível em https://

www.vatican.va/content/paul-vi/pt/apost_exhortations/documents/hf_p-vi_exh_19740202_marialis-cultus.html [acesso em 13/12/2023].

PEDROSA-PÁDUA, Lúcia. Uma Igreja mariana no magistério do Papa Francisco. Chaves de renovação para uma Igreja "em saída". In: ALMEIDA, J. C. (org.). *Uma leiga chamada Maria*. Aparecida: Ed. Santuário, 2019, p. 139-171.

V

MARIA E A ECOLOGIA. UMA VISÃO A PARTIR DA *LAUDATO SI*[1]

Ir. Afonso Murad[2]

Introdução

Dentre os tantos gestos e tantas palavras, que compõem o legado do Papa Francisco para a Igreja e a humanidade, destaca-se sua contribuição para viver em um mundo sustentável, ecologicamente saudável, como elemento integrante da fé cristã em nosso tempo. Na encíclica *Laudato Si*, ele afirma com veemência: "Viver a vocação de guardiões da obra de Deus não é algo opcional nem um aspecto secundário da experiência cristã, mas parte essencial de uma existência virtuosa" (LS 217). Ora, como articular tal convicção com a vivência da espiritualidade mariana e da devoção à mãe de Jesus? Qual a relação entre a mariologia e o cuidado da Casa Comum, a partir da *Laudato Si*?

---

[1] Este capítulo é um dos frutos do estágio de pós-doutorado realizado pelo autor na Pontifícia Universidade Comillas, em Madrid, sob a orientação do prof. Jaime Tatay.

[2] Afonso Murad é doutor em Teologia pela Universidade Gregoriana. Membro do Instituto dos Irmãos Maristas. Concluiu MBA em Gestão e Tecnologias Ambientais na USP. Pós-doutor em ecoteologia na PUC-RS. Professor de teologia e pesquisador na Faculdade Jesuíta (FAJE), em Belo Horizonte. Coordenador da linha de pesquisa "Ecoteologia, religião e consciência planetária", do Grupo de Pesquisa "Fé e contemporaneidade" da FAJE. Professor de mariologia na FAJE e animador de cursos de formação sobre Maria para religiosas(os) e leigos(as). Membro da ABM (Associação Brasileira de Mariologia), publicou diversos capítulos em obras dos Congressos Mariológicos da Academia Marial de Aparecida.

Responderemos a essas questões com os seguintes passos: (1) Qual a finalidade dessa encíclica do Papa Francisco; o que significa "cuidado da Casa Comum"; (2) O que se diz explicitamente sobre Maria no parágrafo 241 da *Laudato Si*, levando em conta os temas centrais da encíclica; (3) a relação entre "Maria Mãe" e a "Mãe Terra". Como "tudo está interligado" (LS 91), esperamos assim deixar nossa colaboração em vista do crescimento de uma devoção marial lúcida e do compromisso crescente dos cristãos como "colaboradores de Deus na obra da criação" (LS 117).

1. *Laudato Si:* cuidado da Casa Comum

A *Laudato Si* foi publicada em junho de 2015, nas vésperas da Conferência de Paris (COP 21), que reuniu as principais lideranças políticas do mundo de aproximadamente 200 países e tratou das mudanças climáticas. Francisco tem uma intenção clara: (1) alertar sobre a gravidade da questão ecológica; (2) fundamentar do ponto de vista bíblico e teológico a pertinência de cuidar do planeta; (3) refletir sobre as raízes humanas da crise ecológica e sua ligação com o antropocentrismo desordenado da atualidade; (4) apresentar uma ecologia integral, que é mais do que ambiental; (5) sugerir linhas de ação para os que detêm o poder econômico e político e, por fim, (6) propor a todos uma conversão ecológica animada pela educação e a espiritualidade. Com esse escopo é que se delineiam a introdução e os seis capítulos da Encíclica.

O título da Encíclica alude a uma sentença conhecida, oriunda do cântico das criaturas de Francisco de Assis, em seu dialeto materno: "Louvado sejas (meu Senhor)". Já na introdução, o papa recorda, a partir desse canto de louvor, que a Terra, nossa *casa comum*, é como uma *irmã*, com quem partilhamos a existência, ou uma *mãe bondosa*, que nos acolhe em seus braços (LS 1). Como proclamava alegremente o santo de Assis: "Louvado sejas, meu Senhor, por nossa irmã, a mãe terra, que nos sustenta e governa e produz variados frutos com flores coloridas e verduras". Ora, nós mesmos somos parte da Terra e nosso corpo é constituído pelos elementos do planeta (LS 2).

O subtítulo da Laudato Si está constituído por duas expressões fundamentais: "cuidado" e "casa comum", que explicaremos a seguir.

1.1. Por que "cuidado"?

Na língua portuguesa, o verbo cuidar comporta vários significados, tais como: "tomar conta de algo ou de alguém", atender, curar, encarregar-se, interessar-se, medicar, ocupar-se de, olhar, preocupar-se, responsabilizar-se, tratar de, tutelar, velar, vigiar e zelar (https://www.sinonimos.com.br/cuidar/). Ao verbo, associam-se o substantivo "cuidado", a interjeição de alerta "cuidado!", o adjetivo "cuidadoso" e o advérbio "cuidadosamente". A escolha de tal palavra conota um sentido afetivo e efetivo, pois "quem ama, cuida!" Cuidar é uma atitude constante, a ponto de constituir um hábito. Assim, a mãe cuida do bebê; o lavrador cuida de terra e da plantação, o profissional exerce a função de cuidador(a) de idosos, o professor ou professora, além de ensinar, cuida de seus alunos. O cuidado só é possível quando a gente se deixa tocar pelas necessidades e demandas dos outros. O cuidado exige por vezes muita paciência e constância, diante de situações desafiadoras (Murad, 2023, p. 10-12). Em nossas relações humanas, cuidamos e somos cuidados pelos outros. É importante deixar-se cuidar, especialmente em circunstâncias de fragilidade, quando necessitamos incondicionalmente de ajuda.

Podemos dizer que a Terra cuida de nós, os humanos. Ela nos oferece o indispensável para vivermos bem, como o ar, a água, a fertilidade do solo, a biodiversidade, os ciclos que regem a temperatura, as chuvas, as correntes marítimas etc. Essa oferta de vida não se destina somente aos humanos, mas a todos os habitantes de nossa Casa Comum: os seres abióticos (água, ar, solo, energia) e bióticos (micro-organismos, plantas e animais). Há uma relação de reciprocidade no cuidado. Segundo a visão cristã, os outros seres vivos não são "meros objetos submetidos ao domínio arbitrário do ser humano" (LS 83). No relato da criação, diz-se que o ser humano deve cultivar e guardar o jardim que Deus lhe concedeu (Gn 2,15).

> Enquanto "cultivar" quer dizer lavrar ou trabalhar um terreno, "guardar" significa proteger, cuidar, preservar, velar. Isso implica uma relação de reciprocidade responsável entre o ser humano e a natureza. Cada comunidade pode tomar da bondade da terra aquilo de que necessita para sua sobrevivência, mas tem também o dever de a proteger e garantir a continuidade de sua fertilidade para as gerações futuras (LS 67).

O papa escolheu a palavra *cuidado* e o verbo correspondente, *cuidar* por vários motivos. Há uma dimensão afetivo-amorosa, de reciprocidade, que está ligada ao fato de que todas as criaturas são amadas e cuidadas pela providência divina, por Deus Pai. Fazemos parte de uma grande comunidade, como uma família, na qual o Espírito de Deus insufla o sopro divino, que conserva e renova a face da Terra, como se proclama no Salmo 104. Assim, afirma Francisco:

> Nós e todos os seres do universo, sendo criados pelo mesmo Pai, estamos unidos por laços invisíveis e formamos uma espécie de família universal, uma comunhão sublime que nos impele a um respeito sagrado, amoroso e humilde (LS 89).

A palavra "cuidar" ajuda a corrigir um equívoco comum, pois muita gente pensa em ecologia simplesmente como "preservar o verde". O cuidado inclui não somente a preservação, mas também a regeneração daquilo que já destruímos, como as florestas e as nascentes; como também a adoção de um estilo de vida e produção/consumo. A tarefa é maior e mais complexa. Trata-se de reduzir os impactos negativos sobre o meio ambiente e promover os positivos. Ecologia se liga à sustentabilidade, ou seja, a adoção de atitudes e procedimentos para manter a tênue teia da vida em nosso planeta.

"Cuidar" implica a atenção, o carinho, o afeto, o amor em gestos no cotidiano, para as pessoas e as outras criaturas. Francisco acentua uma dimensão ampla do cuidado, já apontada por João Paulo II na *Centesimus Annus*. Esse enfatizou que "o amor, especialmente aos pobres, concretiza-se na promoção da justiça", o que implica "alterar os estilos de vida, os modelos de produção e de consumo, as estruturas consolidadas de poder, que hoje regem as sociedades" (CA 58, citado em LS 5). Ora, o cuidado da Casa Comum comporta uma "conversão ecológica", pessoal, comunitária e institucional, com a correspondente adoção de práticas de ecologia integral.

1.2. Casa Comum, nosso planeta

Vejamos agora a razão da escolha da palavra "Casa Comum". Francisco adota o termo que se tornou paulatinamente conhecido no mundo. Em 1987, é publicado o documento "Nosso Futuro Comum", escrito pela Comissão Mundial sobre Meio Ambiente e Desenvolvimento da ONU. Ali já se mencionam várias questões da crise ecológica e social no mundo, que se intensificaram atualmente, e se propõe a alternativa do desenvolvimento sustentável. Fala-se de "interesse comum" da humanidade, e de "futuro comum", que superem a busca de vantagens dos grupos mais poderosos do mundo, em favor de todos os povos e nações.

Anos depois, um grupo formado por pensadores, políticos e ativistas sociais de várias partes do mundo escreveu a "Carta de Terra". Depois de muitas consultas, ela foi publicada no ano 2000. Como se anuncia em um de seus sites de divulgação, a Carta de Terra "visa inspirar em todas as pessoas um novo sentido de interdependência global e uma responsabilidade compartilhada pelo bem-estar de toda a família humana, da comunidade de vida e das gerações futuras. É uma visão de esperança e um chamado à ação" (https://cartadaterrainternacional.org/leia-a-carta-da-terra/).

No belo e inspirador texto da Carta da Terra, diz-se:

> Somos uma família humana e uma comunidade terrestre com um destino comum. Devemos somar forças para gerar uma sociedade sustentável global baseada no respeito pela natureza, nos direitos humanos universais, na justiça econômica e em uma cultura da paz [...]. A Terra, nosso lar, está viva com uma comunidade de vida única [...]. A proteção da vitalidade, diversidade e beleza da Terra é um dever sagrado.

Diz-se que a expressão "Casa Comum" foi proposta por Mikhail Gorbachev, um dos articuladores da Carta da Terra. Tal termo foi ganhando crescente adesão. No ano 2000, os 119 países signatários, inclusive o Brasil, assumiram o compromisso de implantar os Objetivos de Desenvolvimento do Milênio (ODM), que foram ampliados e atualizados em 2015 nos ODS (Objetivos do Desenvolvimento sustentável). Eles orientam governos, empresas, instituições educacionais e igrejas: "Transformando Nosso Mundo: A Agenda 2030 para o Desenvolvimento Sustentável" (https://brasil.un.org/sites/default/files/2020-09/agenda2030-pt-br.pdf). Conforme sua identidade e missão, várias instituições no mundo se comprometem em promover os ODS (Objetivos do Desenvolvimento sustentável). São eles:

(1) Erradicação da Pobreza, (2) Fome Zero e Agricultura Sustentável, (3) Saúde e Bem-Estar, (4) Educação de Qualidade, (5) Igualdade de Gênero, (6) Água Potável e Saneamento, (7) Energia Limpa e Acessível, (8) Trabalho Decente e Crescimento, (9) Indústria, Inovação e Infraestrutura, (10) Redução das Desigualdades, (11) Cidades e Comunidades Sustentáveis, (12) Consumo e Produção Responsáveis, (13) Ação Contra a Mudança Global do Clima, (14) Vida na Água, (15) Vida Terrestre, (16) Paz, Justiça e Instituições Eficazes, (17) Parcerias e Meios de Implementação.

O documento das ODS, preparado durante vários anos e assinado em 2015, incorpora a expressão "Casa Comum", relacionando-a com a mãe terra.

> Reconhecemos que existem diferentes abordagens, visões, modelos e ferramentas disponíveis para cada país, de acordo com suas circunstâncias e prioridades nacionais, para alcançar o desenvolvimento sustentável; e reafirmamos que o planeta Terra e seus ecossistemas são nossa casa comum e que a 'Mãe Terra' é uma expressão comum em vários países e regiões (ODS 59).

Podemos dizer que o Papa Francisco, inspirado pelo Espírito Santo, captou de forma sábia que "Casa Comum" é um termo adequado na atualidade, pois diz respeito a toda a humanidade, na relação com a Terra que habita, com sua diversidade de línguas e culturas. É muito mais do que "natureza", "meio ambiente" ou "criação", embora os inclua, como veremos mais tarde. Trata-se de nosso planeta, no qual vivemos e convivemos todos juntos, de forma interdependente: humanos, seres abióticos (água, ar, solo, energia do sol) e seres vivos (microorganismos, plantas e animais).

Outro ponto a observar é que não se trata somente de adotar um termo. A *Laudato Si* foi bem acolhida por cientistas, pesquisadores, líderes religiosos e sociais, ativistas ambientais, pois esses perceberam que o cristianismo estava promovendo um diálogo humilde e real acerca de uma questão vital para a humanidade. O papa levou em conta a filosofia, as ciências ambientais e principalmente a caminhada de nações e de movimentos socioambientais, em defesa da Terra e dos pobres. Em diferentes graus e intensidade, os 17 ODS (Objetivos do desenvolvimento sustentável) estão transversalmente presentes na *Laudato Si*. Aliás, isso merece uma reflexão à parte[3].

Ao mesmo tempo que respeita a diversidade religiosa contemporânea, Francisco não teme apresentar a visão espiritual do cristianismo em relação ao Cuidado da Casa Comum. Para isso, dedica a introdução, o capítulo II (o evangelho da criação), o capítulo VI (educação e espiritualidade ecológicas), além de várias referências em outras partes da encíclica.

2. Maria na *Laudato Si*: descobertas surpreendentes

O parágrafo 241 da *Laudato Si*, sobre Maria, está situado no último capítulo da Encíclica, após a reflexão sobre a Trindade, e antes dos itens sobre a consumação escatológica, que concluem o documento. Aí se anuncia:

> Maria, a mãe que cuidou de Jesus, agora cuida com carinho e preocupação materna deste mundo ferido. Assim como chorou com o coração trespassado a morte de Jesus, assim também agora se compadece do sofrimento dos pobres crucificados e das criaturas deste mundo exterminadas pelo poder humano. Ela vive, com Jesus, completamente transfigurada, e todas as criaturas cantam sua beleza. É a

[3] Cf. Gaël Giraud e Philippe Orliange, Laudato Si e os Objetivos do Desenvolvimento Sustentável. Caderno de Teologia Pública, n. 500, 2017.

> Mulher "vestida de sol, com a lua debaixo dos pés e com uma coroa de doze estrelas na cabeça" (Ap 12,1). Elevada ao céu, é Mãe e Rainha de toda a criação. Em seu corpo glorificado, juntamente com Cristo ressuscitado, parte da criação alcançou toda a plenitude de sua beleza. Maria não só conserva em seu coração toda a vida de Jesus, que "guardava" cuidadosamente (Lc 2,51), mas agora compreende também o sentido de todas as coisas. Por isso, podemos pedir-lhe que nos ajude a contemplar este mundo com um olhar mais sapiente.

Esse belo e conciso parágrafo mariano deve ser compreendido à luz da teologia trinitária e sua relação com a ecologia (LS 238-240). Somente assim se supera uma visão estreita sobre Maria, individualista e sem compromisso com o cuidado da Casa Comum[4].

A Trindade é o fundamento da cooperação e do cuidado recíproco que unem os seres humanos entre si, com a criação e com Deus. A criação do mundo é um gesto comunitário do Deus uno e trino. O Pai, fonte última de tudo, é fundamento amoroso e comunicativo de todos os seres. O Filho, em quem tudo foi criado, uniu-se a esta terra de forma definitiva ao se encarnar na Virgem Maria. O Espírito, vínculo infinito de amor, vive no coração do universo, animando e suscitando novos caminhos. Assim, o mundo foi criado pelas três Pessoas, como um único princípio divino, e cada uma delas realiza essa obra comum segundo sua identidade (LS 238).

Crer no Deus único, comunidade divina, implica acolher que toda a realidade contém em si mesma uma marca propriamente trinitária, relacional, interdependente e amorosa. Isso nos interpela a ler toda a realidade em chave trinitária (LS 239).

---

[4] Os parágrafos seguintes reproduzem parte do conteúdo de nosso artigo "Vamos cultivar a mística do cuidado com as pessoas e a Casa Comum, sob inspiração da Trindade?" Revista Convergência, ago-out 2023, p. 9-22.

Cultivar a mística do Deus Trindade modifica nossa visão de ser humano. Na ótica do cuidado, percebemos que necessitamos uns dos outros, que a vida humana e das outras criaturas está cercada por um mistério amoroso, que nenhum indivíduo sozinho ou o saber científico pode alcançar. "O mundo, criado segundo o modelo divino, é uma trama de relações que tendem para Deus." No seio do universo, encontram-se inumeráveis relações que se entrelaçam. Um olhar contemplativo nos leva a admirar os múltiplos vínculos que existem entre as criaturas (LS 240).

Tal visão trinitária-ecológica comporta uma maneira de viver nossa própria realização. A pessoa humana cresce, amadurece e se santifica na medida em que "se relaciona, sai de si mesma para viver em comunhão com Deus, com os outros e com todas as criaturas". Assim assume na própria existência o dinamismo trinitário que Deus imprimiu nela. Então, "tudo está interligado, e isto convida-nos a maturar uma espiritualidade da solidariedade global que brota do mistério da Trindade" (LS 240).

Analisemos agora cada parte do parágrafo 241 da *Laudato Si*.

2.1. Maria cuida do Mundo ferido

Maria, a mãe que cuidou de Jesus, agora cuida com carinho e preocupação materna deste mundo ferido*[5].

A indignação ética perante o caos atual, conjugada com o encantamento pela beleza da criação e das pessoas são como dois polos opostos e complementares da "bateria" que fornece a energia para cuidar da Casa Comum, com paixão, zelo e consciência crítica. Na *Fratelli Tutti*, o Papa Francisco convoca-nos a reconstruir o mundo ferido, com a atitude semelhante ao Bom Samaritano. Assim,

[5] Na versão espanhola, que parece ser a original, confrontado com o texto em latim, se diz: "María, la madre que cuidó a Jesús, ahora cuida con afecto y dolor materno este mundo herido".

homens e mulheres assumem como própria a fragilidade dos outros. Não excluem, fazem-se próximos, levantam e reabilitam os caídos, promovem o protagonismo de pessoas (FT 67, 69, 79), especialmente as que vivem nas periferias sociais e existenciais.

No capítulo I da *Laudato Si*, Francisco apresenta uma resenha das questões que "hoje nos causam inquietação e já não se podem esconder debaixo do tapete". Essa visa "tomar dolorosa consciência, ousar transformar em sofrimento pessoal aquilo que acontece ao mundo e, assim, reconhecer a contribuição que cada um pode dar" (LS 19). Não seria essa uma atitude mariana básica, que consiste em deixar-se tocar pela dor do mundo (ecossistemas, pessoas e povos) e assumir atitudes e processos de cuidado?

Maria exerceu com afinco sua missão materna com Jesus durante o período em que esses conviveram em Nazaré. Tais cuidados maternos, comuns a tantas mulheres no passado e no presente, moldou em Maria uma atitude que se estendeu a outras pessoas. Não ficou restrita somente ao âmbito familiar, embora esse seja tão importante para o crescimento integral dos filhos. Uma leitura existencial dos evangelhos nos permite identificar gestos e atitudes de cuidado, atenção, carinho dessa mulher de Nazaré, dirigidos a outras pessoas.

A permanência durante quase seis meses na casa da Isabel significou uma convivência amorosa, esperançosa, alegre, habitada pelo Espírito para essas duas mulheres grávidas. Não importa se a jovem Maria não tivesse experiência em gravidez nem pudesse ajudar em tudo sua parenta idosa. O cuidado também se qualifica como gratuidade da presença e reciprocidade (oferecer e receber amor).

Maria e José são educadores. Eles contribuem efetivamente para que o adolescente Jesus "cresça em sabedoria e graça, diante de Deus e diante dos homens" (Lc 2,51). Esse "cuidar educativo" inclui colocar limites e questionar as ações dos filhos, como ela faz em meio ao desencontro no templo (Lc 2,48). O evangelista Mateus nos apresenta José como o homem justo, que protege Maria e Jesus, livrando-os de sérios riscos. A encíclica dedica um parágrafo a São José. Diz que ele também nos ensina a cuidar, motivando-nos "a trabalhar com generosidade e ternura para proteger esse mundo que Deus nos confiou" (LS 242).

Uma leitura existencial e espiritual da figura de José nos leva a respeitar e admirar mais esse homem e sua "coragem criativa", como diz o Papa Francisco. Maria experimentou ser cuidada por aquele a quem amou e por quem foi amada, e com quem conviveu durante tantos anos. A mesma coisa acontece na relação paterna de José com Jesus.

> O filho de Deus "vem ao mundo, assumindo uma condição de grande fragilidade. Necessita de José para ser defendido, protegido, cuidado e criado. (...) Jesus viu a ternura de Deus em São José (...) A ternura é a melhor forma para tocar o que há de frágil em nós" (Papa Francisco, *Patris Corde*)[6].

Outro texto bíblico que explicita o cuidado de Maria com as pessoas se encontra nas bodas de Caná (Jo 2,1-11). A interpretação popular vê aí sua imensa solicitude, que cria as condições para que a festa do "vinho novo" se manifeste por intermédio de Jesus. A interpretação teológico-espiritual descobre a atitude de Maria, como colaboradora ativa na renovação da Aliança do povo peregrino com seu Deus. Nas palavras de Maria, "façam tudo o que Ele lhes disser", ecoam a intervenção decisiva de Moisés e a resposta generosa do povo peregrino, aos pés

---

[6] E completa o Papa Francisco: "Sempre que alguém assume a responsabilidade pela vida de outrem, em certo sentido exercita a paternidade a seu respeito [...]. Ser pai significa introduzir o filho na experiência da vida, na realidade. Não segurá-lo, nem prendê-lo, nem subjugá-lo, mas torná-lo capaz de opções, de liberdade, de partir (*Patris Corde*, ítem 7, Pai na sombra).

do monte: "Nós faremos tudo o que o Senhor disser" (Ex 19,8; Dt 5,32).

Na tradução portuguesa da *Laudato Si*, diz-se que Maria glorificada hoje *cuida com carinho e preocupação materna* desse mundo ferido. O texto espanhol da *Laudato Si*, provavelmente o original, é mais incisivo: "María (..) ahora cuida con afecto y dolor materno este mundo herido". Nossa mãe Maria não se ocupa somente com aquelas questões tipicamente religiosas e devocionais (rezar o terço, fazer jejum e penitência), como ressaltam as dezenas de presumidos videntes da atualidade. Maria sente a dor pela Terra arrasada, a poluição das águas, a perda da biodiversidade, a destruição das florestas, a multidão de refugiados ambientais[7], a morte de crianças e mulheres. nas guerras absurdas da atualidade. Ela não é indiferente a tanta dor.

Infelizmente, há um imenso fosso que separa a devoção mariana hegemônica, centrada em repetidas práticas rituais, do compromisso ético por nossa Casa Comum e pelos pobres que nela habitam. Maria sente a dor da humanidade e da Terra, e cuida de nós com carinho e dedicação. Seus devotos deveriam cultivar a mesma postura.

2.2. Compadecer-se da humanidade e da Terra

Assim como chorou com o coração trespassado a morte de Jesus, assim também agora Maria se compadece do

[7] "Refugiados ambientais" e "refugiados climáticos" são pessoas e grupos humanos que foram forçados a deixar seu habitat tradicional, temporária ou permanentemente, por causa de desastres ecológicos, como a seca prolongada, a destruição das florestas tropicais, a falta de alimentos etc. As populações mais afetadas são as mais pobres do campo e das periferias de grandes cidades. De acordo com a Agência de Refugiados da ONU, ACNUR, uma média anual de 21,5 milhões de pessoas foram deslocadas à força por eventos climáticos como inundações, tempestades, incêndios florestais e temperaturas extremas desde 2008. Os cientistas preveem que esse número aumentará para pelo menos 50 milhões até 2050 (https://www.politize.com.br/refugiados-ambientais/).

sofrimento dos pobres crucificados e das criaturas deste mundo exterminadas pelo poder humano.

Sem deixar dúvidas, Francisco afirma que o pecado está na raiz da postura de dominação e exploração sobre a natureza. A irmã Terra "clama contra o mal que lhe provocamos. [...] Crescemos pensando que éramos seus proprietários e dominadores, autorizados a saqueá-la. A violência, que está no coração humano ferido pelo pecado, vislumbra-se nos sintomas de doença que notamos no solo, na água, no ar e nos seres vivos" (LS 2). Então, o papa propõe uma conversão ecológica, que inclui o arrependimento, a consciência do pecado cometido, atitudes individuais, ações coletivas e práticas institucionais para curar esse mundo ferido (LS 8, 218).

Enquanto a *Laudato Si* está focada no cuidado da Casa Comum, a *Fratelli Tutti* acentua a "amizade social" entre os humanos. Francisco elenca atitudes e posturas de vida que traduzem o cuidado nas relações entre as pessoas. Dentre essas, destacamos aqui: a ternura (FT 194), o diálogo em busca de consenso e da ação conjunta (FT 198,204,206), a amabilidade e delicadeza (FT 224); manter viva a memória em defesa das vítimas (FT 226s, 246-249), aumentar a proximidade e a amizade com os pobres (FT 234), praticar o perdão (FT 236), assumir os conflitos inevitáveis e buscar a reconciliação (FT 240,244).

Maria é a "mãe de misericórdia", como cremos e evocamos na oração da *Salve-Rainha*. Tal misericórdia se manifesta, simultaneamente, em compadecer-se frente aos sofrimentos dos pobres e dos descartados, como também pela criaturas que são espezinhadas e aniquiladas. Na *Laudato Si*, diz-se, muitas vezes e de várias formas, que há uma unidade entre as questões sociais e ambientais. "Entre os pobres mais abandonados e maltratados, conta-se nossa terra oprimida e devastada, que 'geme e sofre as dores do parto'" (Rm 8, 22) (LS2).

Francisco insiste que "uma verdadeira abordagem ecológica sempre se torna uma abordagem social, que deve integrar a justiça nos debates sobre o meio ambiente, para ouvir tanto o clamor da terra como o clamor dos pobres". A amizade social e o cuidado com a criação e conosco originam-se da mesma raiz amorosa. Assim acontece com Maria, e assim se propõe aos cristãos. O sentimento de união íntima com outras criaturas é acompanhado de ternura, compaixão e preocupação pelos seres humanos (LS 91) e vice-versa.

Maria cuida de nós, os humanos, e volta seu olhar bondoso para nossa Terra ferida. Seu amor se dilata infinitamente, a ponto de alcançar toda a casa comum. Esses gestos e essas atitudes de Maria, de "sofrer com", sentir a dor dos crucificados e da mãe terra, e exercitar o cuidado nos estimula e nos inspira. A devoção a Maria, por mais intensa que seja, revela-se incompleta, se não é traduzida por um amor entranhado pelas outras criaturas. Um culto a Maria, para não decair em algo estéril ou meramente externo, comporta a ética e espiritualidade do cuidado. Paulo VI, na *Marialis Cultus*, afirma que Maria é a mestra da vida espiritual de cada cristão. Nós olhamos para Maria, a fim de que, como ela, façamos "da própria vida um culto a Deus, e do culto um compromisso vital" (MC 21).

2.3. Assunção e beleza da criação

Ela vive, com Jesus, completamente transfigurada, e todas as criaturas cantam sua beleza. Maria é a Mulher "vestida de sol, com a lua debaixo dos pés e com uma coroa de doze estrelas na cabeça" (Ap 12,1). Elevada ao céu, é Mãe e Rainha de toda a criação. Em seu corpo glorificado, juntamente com Cristo ressuscitado, parte da criação alcançou toda a plenitude de sua beleza.

Nesse tópico dedicado a Maria, a palavra "beleza" aparece duas vezes. Tal colocação é coerente com a totalidade da encíclica. A palavra "beleza", com seu sinônimo "formosura", aparece 32 vezes na *Laudato Si*[8]. Francisco chama a atenção para a beleza dos ecossistemas e de cada ser, a fim de nutrir em nós o encantamento, a admiração e o respeito. Ao tomar Francisco de Assis como modelo da atitude cristã diante do Planeta, o Papa adverte que é necessário nos aproximarmos da natureza e do meio ambiente com esta abertura para a admiração e o encanto. Devemos falar a língua da fraternidade e da beleza em nossa relação com o mundo. Se nos sentirmos intimamente unidos a tudo o que existe, então brotarão de modo espontâneo a sobriedade e a solicitude (LS 11).

A beleza faz parte do plano salvífico de Deus e está indissociavelmente ligada à prática do bem, à ética. Abarca o estético e seu poder encantador, mas não é sinônimo da aparência artificial, criada pela sociedade de consumo. Francisco associa "beleza" àquilo que suscita atitudes de surpresa, abertura, admiração, reverência, encantamento e respeito. A criação revela, sem palavras, a beleza e a bondade do Criador. O Papa nos recorda a atitude contemplativa de Jesus, e como ele inspira uma espiritualidade integradora.

> (Jesus) vivia em contato permanente com a natureza e prestava-lhe uma atenção cheia de carinho e admiração. Quando percorria os quatro cantos de sua terra, detinha-se a contemplar a beleza semeada por seu Pai e convidava os discípulos a individuarem, nas coisas, uma mensagem divina, (...) a estar atentos à beleza que existe no mundo (LS 97).

A *Laudato Si* proclama a beleza de Deus na criação. Mas não se degenera, de forma nenhuma, em panteísmo, que anularia a diferença entre a divindade e o mundo

[8] Para saber mais sobre o tema da Beleza na *Laudato Si*, veja nosso capítulo "A beleza na ecologia integral", no livro "Janelas abertas. Fé cristã e ecologia integral" (2022).

material. "Toda a natureza, além de manifestar Deus, é lugar de sua presença. Em cada criatura, habita seu Espírito vivificante, que nos chama a um relacionamento com Ele [...]. Mas há também uma distância infinita, pois as coisas deste mundo não possuem a plenitude de Deus" (LS 88).

A assunção de Maria tem um impacto positivo em toda a criação. Sendo uma antecipação escatológica, revela o projeto de Deus de levar à plenificação os humanos e todos os outros seres. Como evidencia o papa, o que aconteceu com Maria é um sinal de esperança para a humanidade e o mundo. Vale a pena citar os parágrafos sobre a ligação entre o ato criador de Deus e a consumação de seu projeto divino, do "novo céu e nova terra" (LS 243-245). Esses se seguem àqueles que tratam de Maria e de José e concluem a encíclica.

Francisco anuncia alegremente que estamos a caminhar para o sábado da eternidade, para a nova Jerusalém, para a casa comum do Céu. A vida eterna será uma maravilha compartilhada, com a esplendorosa transformação das criaturas (LS 243). A esperança da vida eterna não nos subtrai do amor à Terra, pois todos juntos caminhamos em direção a Deus, devido a sua graça que acolhe e leva à plenitude tudo o que somos e fazemos.

> Na expectativa da vida eterna, unimo-nos para tomar conta* desta casa que nos foi confiada, sabendo que aquilo de bom que há nela será assumido na festa do Céu. Juntamente com todas as criaturas, caminhamos nesta terra à procura de Deus [...]. Caminhemos cantando; que nossas lutas e nossa preocupação por este planeta não nos tirem a alegria da esperança (LS 244).

A *Laudato Si* conclui-se com uma certeza: Deus nos chama para cuidar da Casa Comum com uma generosa entrega. Devido à encarnação do Filho, Deus se uniu de forma irrenunciável à Terra que ele criou. Que a gratidão a Deus e o louvor a sua obra criadora e santificadora permaneçam em nosso coração e se expressem por nossos lábios.

> No coração deste mundo, permanece presente o Senhor da vida que tanto nos ama. Não nos abandona, não nos deixa sozinhos, porque se uniu definitivamente a nossa terra e seu amor sempre nos leva a encontrar novos caminhos. Que Ele seja louvado! (LS 245).

2.4. Maria: escuta e sabedoria

Maria, que guardava em seu coração toda a vida de Jesus, agora compreende o sentido de todas as coisas. Por isso, pedimos que ela nos ajude a contemplar este mundo com um olhar de sabedoria (sapiente).

O termo "sabedoria" aparece ao menos 12 vezes na *Laudato Si*. Por que a sabedoria é importante para cultivar uma ecologia integral? Francisco nos explica: ela faz parte de um conjunto de virtudes necessárias para edificar uma "nova humanidade", que supere o antropocentrismo desequilibrado da modernidade. O caminho a percorrer: "viver com sabedoria, pensar em profundidade, amar com generosidade". A verdadeira sabedoria, fruto da reflexão, do diálogo e do encontro generoso entre as pessoas, não se adquire com uma mera acumulação de informações (LS 47). O cultivo da sabedoria nos permite compreender que não somos os donos da Terra. Assim, com humildade, acolhemos os mistérios do universo, sem ter a pretensão de tudo compreender.

Visando o diálogo profícuo da Igreja com as ciências da Terra, a filosofia e outros saberes, Francisco salienta que para construir uma ecologia que repare tudo o que temos destruído, é preciso valorizar a sabedoria religiosa e sua linguagem própria (LS 63). A encíclica realiza essa tarefa, especialmente no capítulo II, na qual apresenta a "sabedoria das narrações bíblicas".

A *Laudato Si* resgata uma característica bíblica de Maria, apresentada no Evangelho de Lucas. O evangelista retrata dois momentos singulares, em que a mãe de Jesus exercita o olhar contemplativo sobre os acontecimentos, "meditando-os em seu coração". O primeiro sucede no nascimento de Jesus em Belém (Lc 2,19). O ambiente é tomado pela alegria dos anjos e dos pastores. O segundo, após o desencontro no tempo (Lc 2,50). Esse silêncio ativo, que não se deixa levar pela agitação dos fatos, tece sentidos e significados que se exigem no peregrinar da fé; em tempos tão confusos, Maria é para nós o exemplo do cultivo da sabedoria, tão necessária nesse momento histórico complexo e conflituoso do planeta.

3. Maria Mãe e a mãe Terra: complementaridade

Vamos extrapolar a reflexão sobre Maria na *Laudato Si*, acrescentando aqui uma questão que volta e meia ressurge nos meios eclesiais. Trata-se da relação entre "Mãe Terra" e "Maria nossa mãe". Essa temática faz parte do processo de recepção da Encíclica, bem como de uma mariologia que dialoga com a sensibilidade contemporânea.

Antes e durante e Sínodo para a Amazônia, convocado pelo Papa Francisco e realizado de 6 a 27 de outubro de 2019, uma série de acusações foram proferidas por grupos eclesiais e políticos de direita, tentando descaracterizar a pertinência desse encontro eclesial. Uma delas sustentava que a natureza não poderia ser denominada de mãe, pois esse atributo era exclusivo de Maria, mãe de Jesus e nossa mãe. A homilia de um bispo emérito da região Amazônica, pinçada e retirada de seu contexto, foi amplamente divulgada na internet, patrocinada por esses mesmos grupos, com títulos maldosos, tal como "Estamos diante de um futuro tenebroso. Pachamama e Mãe Terra não é Nossa Senhora!" Não vale a pena citar tais fontes, eivadas de ódio e de espírito destruidor. Como "Deus escreve certo por linha tortas", tal mal-entendido ocasiona uma reflexão esclarecedora.

3.1. Os diversos atributos da mãe e o cuidado essencial

A palavra "mãe" não é unívoca. Ou seja, não se aplica igualmente e de todas as maneiras à mesma pessoa. Vejamos, a partir de nossa prática cotidiana. Em seu sentido primigênio, para os humanos mãe é a mulher que engravidou, passou por um processo de gestação no qual nutriu o feto e lhe transmitiu emoções e percepções. Terminada a gravidez, deu à luz. Essa é a mãe biológica, a genitora.

A maternidade não se esgota aí. Quando a mulher assume a função de educar seu filho (ou filha), então ela alimenta-o com o leite materno, estabelece vínculos, cerca-o de múltiplos cuidados ligados ao afeto, à higiene, à saúde, ao bem-estar, ao aprendizado da língua, em suma, a seu desenvolvimento físico, afetivo e mental. O ser humano é o animal que precisa ser educado ao longo de muitos anos, pois nasce frágil e incompleto. Tem mais pulsões do que instintos. A missão de educar sua prole em princípio compete ao pai e à mãe. Infelizmente, um percentual significativo de famílias brasileiras não conta com a presença paterna. Ou quando ela existe, apresenta elementos ambíguos e questionáveis.

Na clássica obra "Um amor conquistado. O mito do amor materno" (1985), Elizabeth Badinter evidencia que características normalmente atribuídas à mãe, como carinho, atenção, desvelo, espírito de sacrifício pelos filhos, não são algo inato, próprio de todas as mães, em qualquer contexto histórico. Ao analisar a situação das mães, durante a revolução industrial na Europa, a autora demonstra que tais qualidades maternas sofrem condicionamentos culturais, como também são o fruto de atitudes assumidas pelas mulheres[9].

Quando se aborda o tema da maternidade, há que se superar uma visão anacrônica, mantida pelas sociedades patriarcais, de que mulher, mãe e cuidado desmedido seriam sinônimos. A mulher contemporânea assume simultaneamente vários papéis, como: pessoa humana com sua corporeidade própria, cidadã, filha, mãe, profissional, companheira em uma relação conjugal etc. O cuidado não é algo pré-determinado nas mulheres, nem faz parte da "essência da materna".

Ecofeministas mostraram que as mulheres, em resposta aos contextos culturais de longo tempo, consolidaram-se como as principais cuidadoras dos humanos e da natureza (Puleo, 2011; Díaz Estévez, 2019; Shiva e Mies, 2016). Mulheres responsabilizam-se por grande parte dos cuidados relacionados à dimensão reprodutiva da humanidade: gestação e amamentação, educação das crianças, alimentação e limpeza da casa. Elas constituem as principais cuidadoras dos doentes, idosos e pessoas fragilizadas. Também são as principais cultivadoras de verduras, legumes, grãos, frutas e flores de forma artesanal e agroecológica. Portanto, quando se discorre sobre o cuidado como atitude humana básica, deve-se reconhecer a contribuição imprescindível das mulheres, e aprender com elas, mas não idealizar a figura materna e feminina, colocando sobre elas um peso insuportável. Homens e mulheres, devemos igualmente incorporar o cuidado em nossas relações interpessoais, sociais e ecológicas.

Em um belo livro, intitulado "Saber Cuidar", Leonardo Boff sustenta que "a essência humana não se encontra

---

[9] Cf. a recensão sobre a versão espanhola em: Dialnet-ExisteElAmorMaternalHistoriaDelAmorMaternalSiglosX-7247544.pdf

tanto na inteligência, na liberdade ou na criatividade, mas basicamente no cuidado", o suporte real dessas características. No cuidado, acha-se o princípio de um modelo original de conviver, a ser assumido como a base de um novo pacto social entre os povos, e de respeito com tudo o que existe e vive (Boff, 2002, p. 11, 14, 18). O cuidado se torna assim o eixo que reúne as características fundamentais para relações entre os humanos e destes com nossa Casa Comum. Portanto, uma qualidade a ser desenvolvida por todos, mulheres e homens.

3.2. Ampliação do afeto materno

Há casos em que a genitora "entrega" o filho para outra mulher, que aí assume a função materna, por meio da adoção formal ou informal. Filhos adotados normalmente dizem que sua mãe não é aquela que concebeu e deu à luz, e sim a mulher que os educou e os cercou de cuidados. Em tais situações, a genitora não é considerada efetivamente e afetivamente como a mãe. Há ainda situações em que a avó ou outra parente assume a missão de educar as crianças. Embora não denominadas de "mãe", são de fato a referência materna.

Certa vez, em uma cidade do interior de Minas, uma mulher, que aqui apelidamos de "Mariana", perdeu seu único filho, jovem, vigoroso e líder na igreja. Ele foi vítima de um acidente na estrada. Mariana e o marido passaram um longo tempo de tristeza, pois a perda foi muito pesada. Em oração, ela pedia a Maria que lhe desse o dom do consolo. E se perguntava como continuar a ser mãe, sem o filho a quem tanto amava. Mariana trabalhava como auxiliar de enfermagem na Unidade de Pronto-Atendimento (Posto de saúde) de sua cidade. Certa vez, atendeu Luiza, uma adolescente grávida, que foi rejeitada pela família. Mariana acolheu-a, aconselhou-a, orientou-a durante a gravidez. Percebeu que havia outros casos semelhantes na cidade. Chamou então as vizinhas para ajudá-la. Elas juntas teciam roupinhas para os futuros bebês. Cada uma assumiu o compromisso de acompanhar e aconselhar uma adolescente. Luiza deu à luz com o apoio de Mariana. Ambas estabeleceram vínculos profundos. Anos mais tarde, a jovem concluiu um curso universitário na área de saúde. Até hoje Luiza diz: "Mariana é de verdade minha mãe". Por sua vez, Mariana percebeu que havia perdido um filho, muito amado. Mas que Deus lhe concedeu várias filhas para cuidar.

Conhecemos várias situações nas quais as mulheres assumem o encargo de cuidar de pessoas fragilizadas, doentes e senis. Como elas primam pelo carinho, atenção, desvelo, algumas vezes são consideradas como "mães". Fato semelhante acontece em comunidades da periferia de cidades, nas quais algumas mulheres cultivam relações fraternas e sororais, visitam os enfermos, acolhem as crianças e se tornam uma referência para outras mulheres. São carinhosamente apelidadas de "tias" ou "mães da comunidade". Não há laços de consanguinidade, e sim de afinidade, tecidos em relações amorosas de "amizade social". Não há conflito se alguém tem sua mãe biológica e beneficia-se de vínculos com outra mulher, a qual considera como sua "segunda mãe". Em menor grau, pode acontecer também em relação à figura masculina paterna, quando uma pessoa reconhece com gratidão: "Fulano foi um pai para mim". Nesse caso, o homem acolheu e ajudou, do ponto de vista afetivo, material e espiritual, alguém ou um grupo de pessoas, sem vínculos consanguíneos.

3.3. O simbolismo materno

A palavra "mãe" é utilizada em sentido figurativo, como sinônimo de "matrix", "origem". Por exemplo, nos ditados populares, como: "a preguiça é a mãe de todos os vícios", ou "o amor é a mãe de todas as virtudes".

Segundo J. Chevalier e A. Cheerbrant, o simbolismo humano da mãe está ligado ao do mar, pois ambos são receptáculos e matrizes da vida. "O mar e a terra são símbolos do corpo materno". Nesse campo simbólico, mãe, terra e mar comportam certa ambiguidade, pois nelas a vida e a morte são correlatas. "Nascer é sair do ventre da mãe; morrer é retornar à terra. A mãe é a segurança do abrigo, do calor, da ternura e da alimentação. É também em contrapartida, o risco da opressão" (Chevalier; Gheerbrant, 1995, p. 580).

Karl G. Jung, psicanalista, caracterizou o arquétipo de mãe. Os arquétipos junguianos seriam padrões universais de comportamento, símbolos e imagens que residem no inconsciente coletivo da humanidade. Com isso, poderia explicar-se a estrutura da psique humana e como ela se manifesta na existência das pessoas[10]. O arquétipo de mãe significa, segundo ele, tanto a capacidade de acolher e nutrir, como também o risco real de reter e sufocar. Seriam seus traços essenciais: "A autoridade do feminino; a sabedoria e a elevação espiritual, além da razão, o bondoso, o que cuida, o que sustenta, o que proporciona as condições de crescimento, fertilidade e alimento; o lugar da transformação mágica, do renascimento". Mas também "o secreto, o oculto, o obscuro, o abissal (...) o devorador, sedutor e venenoso, o apavorante e fatal". Essas e outras qualidades opostas desses atributos correspondem à mãe amorosa e à mãe terrível (Jung, 2019, #158).

Do ponto de vista da teologia cristã, uma visão plural sobre a mulher está em consonância com a descoberta de várias características bíblicas e espirituais de Maria, que não se limitam à maternidade, entendida como um círculo fechado do ambiente familiar patriarcal. Tais traços

---

[10] "Jung acreditava que os arquétipos são herdados de nossos ancestrais e representam padrões de comportamento que foram desenvolvidos ao longo do tempo através da evolução humana. Eles são universais e aparecem em mitos, religiões, sonhos e histórias ao redor do mundo" (https://www.institutoesfera.org/blog/psicologia-analitica/os-arquetipos-junguianos).

foram reconhecidos e explicitados também pelo magistério da Igreja, por Paulo VI (*Marialis Cultus*, 16-22), João Paulo II (*Redemptoris Mater*, especialmente: 5, 6, 12, 17, 19, 20) e Francisco (*Evangelii Gaudium*, 287-288). Destacamos aqui: "perfeita discípula", que ouve, acolhe e põe em prática a Palavra de Deus, que é o próprio Jesus; a "virgem do silêncio" e da palavra profética no Magnificat; a mestra de vida espiritual dos cristãos; o modelo da Igreja cultuar a Deus; a peregrina na fé; a ungida pela Espírito Santo; a mulher perseverante na cruz; a mãe da comunidade cristã etc. Dito de maneira simbólica: Maria levou Jesus no colo somente durante uma etapa de sua vida, quando se fazia necessário. À medida que ele cresceu, colocou-o no chão, para que aprendesse a andar e a se desenvolver de forma livre e interdependente. Não o reteve para si, como fazem as mães dominadoras. Maria foi mãe, educadora e discípula de Jesus. Essas diversas facetas de sua identidade e missão em relação a Jesus se completam.

3.4. Pachamama e Maria

Segundo os povos originários do continente latino-americano, a terra (entendida como o solo no qual se planta, como também a totalidade da natureza) é mãe. Tal percepção também é comum nas comunidades tradicionais de afrodescendentes, como os quilombos. Por exemplo, nas culturas tradicionais dos Andes, o ser humano é tido como parte da natureza. Em sentido estrito, só a pachamama, a mãe terra (e com ela as outras forças naturais) é produtiva. Aos humanos compete serem cultivadores e defensores. A vida em harmonia entre as pessoas e com todos os seres, vivos ou mortos, compreende-se a partir dos princípios cósmicos de complementaridade, correspondência e reciprocidade. É uma visão complexa muito diferente daquela ocidental, que foi imposta pelos colonizadores europeus (Estermannn 2013, 21p.). Dos Andes à Amazônia, da Patagônia argentina ao interior do

México, há um grande respeito e reverência à terra, considerada sagrada. Praticamente, não existe oposição ao profano, nem adoração de imagem atribuída à terra-mãe.

Gonzáles Dorado, jesuíta espanhol que atuou no Paraguai, escreveu há anos um livro original sobre a religiosidade popular mariana em nosso continente. Ele afirma que, no culto a N. Sra. de Guadalupe, Maria é ressignificada como a mãe bondosa dos indígenas oprimidos e dizimados. A figura de Maria assume e transforma o culto à deusa mãe dos astecas, no monte de Tepeyac. E tal culto, como destacam posteriormente outros autores, tem ligação com a reverência à Mãe Terra. Fato semelhante acontece no fenômeno de N. Sra. de Copacabana, na atual Bolívia, ao lado do lago Sagrado de Titicaca. Então, sustenta Gonzáles Dorado, a devoção mariana para nossos povos originários tem ao mesmo tempo traços maternos e telúricos, associados à Terra. Essas características, em maior ou menor grau, estão presente na religiosidade popular de nosso continente. A peregrinação a um santuário mariano é compreendida como "ida à casa da mãe", como também manifestação de gratidão às dádivas de terra (Gonzáles Dorado, 1988).

Para muitos povos e culturas, *Mãe Terra* engloba distintas crenças ancestrais acerca de entidades divinas associadas ao sustento e à fertilidade[11]. No âmbito cristão, a expressão "Mãe Terra" ou "Terra mãe" tem suas raízes na patrística, especialmente a oriental[12]. Os padres da Igreja explicam que Cristo redimiu não somente a humanidade,

---

[11] Tal crença encontrou sua legitimação jurídica na Bolívia, por meio da lei 071, de 2010, que reconhece os direitos da mãe Terra. "Se entiende por Madre Tierra el sistema viviente dinámico conformado por la comunidad indivisible de todos los sistemas de vida y los seres vivos, interrelacionados, interdependientes y complementarios, que comparten un destino común. La Madre Tierra es considerada sagrada, desde las cosmovisiones de las naciones y pueblos indígena originario campesinos. Son principios rectores los siguientes: 1) Armonía; 2) Bien colectivo; 3) Garantía de regeneración de la Madre Tierra; 4) Respeto y defensa de los Derechos de la Madre Tierra; 5) No Mercantilización; 6) Interculturalidad" (https://www.fao.org/faolex).

[12] Cf. as inúmeras citações sobre a Terra como mãe na patrística oriental em: Elizabeth Theokritoff. Abitare la terra. Una visione cristiana dell'ecologia. Ed. Qikajon. Comunità de Bose, 2015.

como também a Terra Mãe, que havia sofrido as consequências do pecado. Compara-se o nascimento de Cristo, de Maria virgem, à origem de Adão, da mãe terra virgem. As criaturas são nutridas e conservadas pela mãe Terra[13].

Como já lembramos, no "Cântico das Criaturas", o peregrino de Assis proclama: "Louvado sejas, meu Senhor, por nossa irmã, a mãe terra, que nos sustenta e governa, e produz variados frutos, com flores coloridas, e verduras". Para São Francisco, a Terra é ao mesmo tempo nossa irmã (criatura) e nossa mãe, pois provê o que necessitamos para viver, leva-nos a agradecer a Deus "onipotente e bom" e a nos encantar com a beleza da criação (as flores coloridas).

Em uma homilia em Cochabamba (1988), o Papa João Paulo II reconheceu a importância do termo "Pachamama" para os povos originários da Bolívia e seus descendentes, que compõem a grande parte da população naquela região. Ele disse:

> (Deus) sabe que necessitamos do alimento que a terra produz, daquela realidade variada e expressiva que os antepassados de vocês chamavam de "Pachamama" e que reflete a obra da Providência divina ao nos oferecer seus dons (...)[14].

Nessa homilia, João Paulo II reconhece o conceito de "terra" não somente como "solo", e sim como a totalidade da criação:

> Tal é o significado profundo da presença de Deus que vocês devem encontrar em sua relação com a terra, que abrange para vocês o território, a água, o riacho, o morro, a encosta, o barranco, os animais, as plantas e o árvores, porque a terra é toda a obra da criação que Deus nos deu.[15]

---

[13] A título ilustrativo, ver a página desse site apologético: ¿Es la "madre tierra" un concepto católico (padres de la iglesia)? em: https://www.defiendetufe.org/ . Original em inglês, autoria de Dave Armstrong, https://www.patheos.com/blogs/davearmstrong/2019/12/is-mother-earth-a-catholic-concept-church-fathers.html

[14] João Paulo II. https://www.vatican.va/content/john-paul-ii/es/homilies/1988/documents/hf_jp-ii_hom_19880511_cochabamba.html

[15] João Paulo II. https://www.vatican.va/content/john-paul-ii/es/homilies/1988/documents/hf_jp-ii_hom_19880511_cochabamba.html

Há ainda um terceiro elemento teológico a considerar, o da Igreja como nossa mãe. O canto de comunhão da missa "Maria, mãe da Igreja", de Waldeci Farias e Dom Navarro, sinaliza esse mistério de forma poética, ao afirmar, baseado em *Lumen Gentium* 64 e *Marialis Cultus* 19:

> De outra mãe a Igreja um dia nascemos. Pelo batismo tua vida imortal recebemos. Deste à Igreja a missão de gerar-te nos corações. Eis aqui os teus servos, Senhor.

Voltemos ao fato que gerou a polêmica em torno de Maria Mãe e a Pachamama. Durante o sínodo da Amazônia, usaram-se símbolos nas salas de reunião e nas celebrações, advindos de diferentes lugares. Um deles era um barco de madeira, sobre o qual estavam colocados vários objetos simbólicos: a cesta de vime usada na coleta de alimentos na floresta, a cuia de tomar tacacá, o espremedor e a peneira para fazer a farinha de mandioca, um remo, o chapéu de palha e uma pequena silhueta de madeira de uma mulher indígena grávida. Segundo as informações fidedignas do Padre Justino Rezende, salesiano e originário do povo Tuyuka, um artista local da Amazônia brasileira confeccionou esse símbolo, para representar tanto a mãe terra quanto as mães indígenas. Ao contrário do que se propagou erroneamente, não se tratava de um objeto de culto, nem de uma imagem religiosa, como se compreende no âmbito católico com as "imagens de santos/as".

Portanto, não há motivos plausíveis para sustentar uma competição entre "Maria mãe" e a "Mãe Terra". Maria é nossa mãe na ordem da fé, como primeira discípula de Jesus e mãe da comunidade de seus seguidores. E, acrescenta o Papa Francisco, mãe da criação (LS 243). A Terra é nossa mãe, pois ela nos oferece as condições necessárias para vivermos neste planeta, por meio do solo fértil, da água, do ar, da energia, em comunhão com as outras criaturas, os seres bióticos e abióticos. Somos ao mesmo tempo filhos de Maria, pela ação recriadora do Espírito Santo; e filhos e irmãos da Terra, da qual fazemos parte, pois dependemos dela para viver e conviver.

Para concluir nossa reflexão, seguiremos o procedimento adotado pelo papa Francisco, ao finalizar a *Laudato Si*. Em vez de uma sequência de afirmações concatenas, entoamos uma simples oração de ação de graças e súplica.

Oração conclusiva

Senhor Jesus, nosso mestre, amigo e salvador,
nós te damos graças pela Terra, nossa Casa Comum,
na qual habitam incontáveis criaturas:
"Como são numerosas as obras de Deus, criadas com sua sabedoria" (Sl 104,24).
Obrigado pela água, o ar, o solo e a energia do Sol, essenciais a toda vida.
Gratos somos pela linda e frágil teia da vida,
que entrelaça micro-organismos, plantas e animais:
desde as minúsculas gramíneas até as majestosas árvores da Amazônia;
das invisíveis criaturas da Terra aos grandiosos astros do universo.
Obrigado pelas flores que embelezam nossos ambientes, com suas cores e odores,
e pelos passarinhos que nos extasiam com seu canto.

Jesus, enquanto percorrias povoados e campos, com seus discípulos e a multidão,
tu te deixaste fascinar pelo encanto das criaturas.
Nelas reconhecias o amor e a gratuidade do Pai, que cuida de nós (Lc 12,27; Mt 6,26).
Como carpinteiro, moldaste a madeira com paciência, carinho e perfeição.
Enquanto agricultor, acompanhaste a dádiva do solo, o desabrochar das plantas e a beleza dos frutos.
Louvaste o Pai, que esconde os mistérios da vida

aos entendidos e poderosos,
e os revela aos pequeninos (Lc 11,25).
Hoje, ressuscitado, és o primeiro entre os irmãos (Rm 8,29; Hb 1,6),
o iniciador do Novo Céu e Nova Terra, que faz novas todas as coisas (Ap 21,5).

Nós te louvamos, Jesus, com o Pai e no Espírito, pela Terra nossa mãe e irmã.
Dependemos tanto dela e zelamos tão pouco.
Dá-nos a graça de superar a indiferença diante do clamor da Terra e dos pobres.
Concede-nos o coração apaixonado que se deixa tocar pelas suas dores e feridas.
Dá-nos o coração que vibra alegremente com a formosura das pessoas e das criaturas.
Concede-nos as atitudes de reverência e respeito, que são companheiras do cuidado.
Desperta-nos a coragem criativa para renunciar à dominação e vivenciar uma reciprocidade responsável com nosso planeta.

Maria, nossa mãe e irmã!
Obrigado, pois tu cuidaste de Jesus com carinho e atenção, promovendo seu crescimento humano integral, sem retê-lo para si.
Recebeste com gratidão a proteção e o afeto de José.
Provaste a reciprocidade do cuidado com Isabel, Madalena e o discípulo amado.
Tomaste a iniciativa para que o vinho novo, que é Jesus, nos saciasse.
Assumiste a missão materna na comunidade do ressuscitado com zelo e constância.
Sentimo-nos unidos a ti, quando nos encantamos pelas belezas da Terra
e escutamos o apelo de Deus para continuar a obra da criação!

Maria, somos gratos e a ti,
pois a mesma solicitude que tiveste com Jesus e sua comunidade,
manifestas agora pela Terra ferida e os humanos crucificados.
Maria, glorificada em corpo e alma, contemplamos exultantes a tua beleza!
Junto de Jesus e da nuvem de testemunhas que o seguiram (Hb 12,1),
tu vives antecipadamente a festa do céu.
Nela participarão também todas as criaturas, assumidas e transformadas pelo Espírito.
Enquanto habitamos nessa Casa que o Senhor nos concede, cultivando-a e cuidando dela,
já saboreamos na esperança um lampejo de sua consumação.

Maria, o mundo vive um momento delicado e tão confuso!
Olha com teu carinho materno para todos os povos que veneram a mãe Terra.
Dá-nos a sabedoria para discernir o que devemos fazer
em benefício da humanidade e do planeta.
Inspira-nos com a sapiência divina.
Que o Espírito Santo, que em ti fez morada permanente,
ilumine nossa mente em busca de soluções sustentáveis.
Que ele nos dê o coração aberto para a conversão ecológica
e a lucidez para cultivar um novo estilo de Vida.
Livra-nos da devoção estéril, superficial e individualista.
Tu, mestra de nossa vida espiritual,
orienta-nos para amar a Deus e a suas criaturas com persistência e ousadia.
Que tua dor pela Terra ferida seja também a nossa.
Que a gratidão pelas maravilhas que Deus realiza em ti
e na Casa Comum nos contagie.
Que tua beleza nos embeleze com a luz divina,
que teu encanto pelo Criador e as criaturas nos encante.
Amém!

Referências bibliográficas

ARMSTRONG, D. ¿Es la "madre tierra" un concepto católico (padres de la iglesia)?, Disponível em: https://www.defiendetufe.org/

BADINTER, E. *Um amor conquistado*. O mito do amor materno. Rio de Janeiro: Nova fronteira, 1985.

BOFF, L. *Saber cuidar*. Ética do humano – compaixão pela terra. Petrópolis: Vozes, 8ª ed, 2002.

CHEVALIER, J; GHEERBRANT, A. *Dicionário de Símbolos*. São Paulo: José Olímpio, 1995. Verbete "mãe".

CONCÍLIO VATICANO II. *Lumen Gentium*. Constituição dogmática sobre a Igreja. São Paulo: Paulinas, 1970 (?), cap. 8.

DÍAZ ESTÉVEZ, A. *Ecofeminismo:* poniendo el cuidado en el centro. ENE Revista de Enfermería, Madrid, v. 13, n. 4 [s/n], dez 2019.

ESTADO PLURINACIONAL DE BOLÍVIA. Ley 71, acerca de los derechos de la madre tierra. Disponível em: https://www.fao.org/faolex

ESTERMANNN, J. Ecosofia andina: un paradigma alternativo de convivencia cósmica y de Vivir bien. Revista FAIA (Filosofía Afro-Indo-Abiayalense). VOL. II. N. IX-X. AÑO 2013, 21p.

GIRAUD, G; ORLIANGE, Ph. Laudato Si e os Objetivos do Desenvolvimento Sustentável. Caderno de Teologia Pública, n. 500, 2017.

GONZÁLES DORADO, A., *De María conquistadora a María liberadora*. Mariologia popular latinoamericana. Santander: Sal Terrae, 1988, 142p.

https://cartadaterrainternacional.org/leia-a-carta-da-terra/

https://www.institutoesfera.org/blog/psicologia-analitica/os-arquetipos-junguianos

https://www.politize.com.br/refugiados-ambientais/

https://www.sinonimos.com.br/cuidar/

JUNG, C. G. *Aspectos do feminino*. Petrópolis: Vozes, 2019.

MURAD, A. "Vamos cultivar a mística do cuidado com as pessoas e a Casa Comum, sob inspiração da Trindade?" Revista Convergência, ago-out 2023, p. 9-22.

MURAD, A. *Janelas abertas*. Fé cristã e ecologia integral. São Paulo: Paulinas, 2022. Janela/Capítulo 6: A beleza na ecologia integral.

ONU, Comissão Mundial sobre Meio Ambiente e Desenvolvimento. Nosso futuro comum. Rio de Janeiro, Fundação Getúlio Vargas, 1991, 2ª ed (Relatório Brundtland).

ONU. Transformando Nosso Mundo: A Agenda 2030 para o Desenvolvimento Sustentável (2015). disponível em: https://brasil.un.org/sites/default/files/2020-09/agenda-2030-pt-br.pdf

Papa FRANCISCO. Encíclica *Laudato Si*. Sobre o cuidado da Casa Comum. São Paulo: Paulinas, 2015.

Papa FRANCISCO. Exortação apostólica *Evangelii Gaudium*. Sobre o anúncio do Evangelho no mundo atual. São Paulo: Paulinas, 2013.

Papa FRANCISCO. Carta Apostólica *Patris Corde* (Sobre São José). São Paulo: Paulinas, 2020.

Papa FRANCISCO. Encíclica *Fratelli Tutti*. Sobre a fraternidade e a amizade social. São Paulo: Paulinas, 2020.

Papa JOÃO PAULO II. Homilia en la celebración eucarística en el Valle de Cochabamba (11 maio 1988). Disponível em: https://www.vatican.va/content/john-paul-ii/es/homilies/1988/documents/hf_jp-ii_hom_19880511_cochabamba.html

Papa JOÃO PAULO II. Encíclica *Centesimus Annus*. Por ocasião do centenário da Encíclica *Rerum Novarum*. São Paulo: Paulinas, 1991.

Papa JOÃO PAULO II. Encíclica *Redemptoris Mater*. Sobre a bem-aventurada Virgem Maria na vida da igreja que está a caminho. São Paulo: Paulinas, 1987.

Papa PAULO VI. Exortação Apostólica *Marialis Cultus*. Para a reta ordenação e desenvolvimento do culto à bem-aventurada Virgem Maria. São Paulo: Paulinas, 1974.

PULEO, A. H. *Ecofeminismo para otro mundo posible*. Madrid: Cátedra, 2011.

SHIVA, V.; MIES, M. *Ecofeminismo:* teoría, crítica y perspectivas. Madrid: Icaria, 2016.

THEOKRITOFF, E. *Abitare la terra*. Una visione cristiana dell'ecologia. Magnano: Ed. Qikajon. Comunità de Bose, 2012.

VI

MARIA E O DIÁLOGO ECUMÊNICO E INTER-RELIGIOSO

Maria das Igrejas e do povo: consensos e o valor da experiência

Gerson Lourenço Pereira[1]

Dialogar é sempre um exercício de acolhimento e *kénosis*. É desafiador, na medida em que requer o reconhecimento da alteridade e abertura para o conhecimento dos aspectos constitutivos da identidade do outro, enriquecendo e afetando a sua própria. Um verdadeiro caminho pedagógico que, nas categorias de Paulo Freire, implica no aprendizado mútuo mediatizado pela realidade: "Ninguém educa ninguém, ninguém educa a si mesmo, os homens se educam entre si, mediatizados pelo mundo" (Freire, 2019).

Quais seriam hoje as marcas dessa realidade? Edgar Morin (2006) aponta para uma complexidade cultural e de saberes, que torna a leitura do contexto atual passível de um olhar que exige abertura e intercâmbios epistemológicos. A diversidade e pluralidade nos âmbitos religioso e político

[1] Doutor em Teologia pela Pontifícia Universidade Católica do Rio de Janeiro. Professor da Rede de Educação de São João de Meriti e Coordenador do departamento Meriti Educando para Igualdade Racial e Diversidade (MEPIRD) da Secretaria Municipal de Educação, Cultura e Turismo (SEMECULT). Professor de teologia e ciência da religião. Membro dos grupos de pesquisa Moradas, de estudos místicos (PUC-Rio); e Religares (UERJ). E-mail: profgersonlourenco@gmail.com

também tracejam essa realidade, interpelando-a e provocando reações que variam entre as iniciativas visando a convivência harmônica e posturas fundamentalistas e intolerantes que desafiam a construção de uma cultura de paz.

Hans Küng (2003), alertando para a sobrevivência humana vinculada a uma ética mundial, considerou o convívio pacífico e o diálogo entre as religiões como necessários para a construção do que denominou "moral ecumênica" (p. 7). Conforme suas próprias palavras: "Não haverá sobrevivência sem uma ética mundial. Não haverá paz no mundo sem paz entre as religiões. E sem paz entre as religiões não haverá diálogo entre as religiões". Sob tais axiomas, em perspectiva abrangente, sustenta-se a utópica cultura de paz da qual o Cristianismo, em sua variada constelação de manifestações eclesiásticas, esforça-se por desempenhar seu papel de promotor.

A construção de uma consciência aberta à promoção da paz requer a observância do diálogo e da comunhão para além das fronteiras eclesiásticas cristãs, assumindo a pluralidade, a multiforme presença da graça divina como princípio que atravessa as culturas e tradições religiosas. Em cada experiência de vida e de fé, são gerados sentidos para a existência e convivência nos "entrelugares" (Bhabha, 1998), que refiguram as realidades a partir das negociações culturais.

O desafio das duas formas de diálogo, ecumênico e inter-religioso, é posto quando temas inquietantes dos pontos de vista teológico, doutrinário, pastoral, moral, ético, social, cultural despontam como resultado da arte do convívio da qual dependem as negociações e consensos. A reflexão em torno da figura de Maria, tão importante para a fé cristã da Igreja e para devoção popular, atravessa e afeta o imperativo da convivência entre as comunidades religiosas da mesma matriz (dentro da esfera do diálogo ecumênico entre católicos e protestantes), assim como de matrizes religiosas distintas, presentes na cultura brasileira. Essa é a temática e propósito em questão deste capítulo.

Há peculiaridades entre o diálogo ecumênico e o inter-religioso. Ambos não prescindem da comunhão como propósito primordial. Todavia, em perspectiva ecumênica, é almejado dentro de um consenso prático-pastoral e doutrinário, não proselitista, sobressaindo os pontos em comum e respeitando as diferenças. Em perspectiva inter-religiosa consiste na superação das diferenças visando o aprendizado mútuo das experiências religiosas em meio ao pluralismo das distintas tradições de fé (Pereira, 2011, p. 215). Essas peculiaridades são aqui destacadas por serem os dois trilhos nos quais a reflexão mariológica percorrerá.

Tematizar Maria no diálogo ecumênico e inter-religioso seria, respectivamente, buscar os consensos pastorais e doutrinários entre as igrejas cristãs históricas e valorizar as experiências religiosas que extrapolam as trincheiras eclesiásticas. Em uma palavra, refletir a respeito da Maria das igrejas e a Maria da fé do povo, levando em consideração as fronteiras culturais que a refiguram em meio à pluralidade, particularmente no contexto brasileiro.

A reflexão se divide em duas partes: a primeira, que apresenta a busca pelos consensos ecumênicos a respeito de Maria; a segunda, que pontuam as interpelações da devoção popular para o diálogo inter-religioso. Na primeira parte serão observadas as seguintes etapas: apresentação das dificuldades sobre Maria para o diálogo ecumênico, as concepções mariológicas de alguns reformadores de tradição protestante e a busca por um consenso a partir das Sagradas Escrituras e da *Declaração de Seattle: Maria: graça e esperança em Cristo*, resultado do diálogo bilateral da Comissão Internacional Anglicano-Católica Romana.Na segunda parte se observarão: Maria na devoção popular, Maria no sincretismo brasileiro e a experiência religiosa refletida na perspectiva pluralista.

Primeira Parte – Maria das Igrejas

"Bendita és tu entre as mulheres
e bendito o fruto de teu ventre"
(Lucas 1,42)

Esta parte da reflexão é guiada por algumas perguntas que problematizam o diálogo ecumênico entre católicos e protestantes (também denominados de evangélicos) em torno da pessoa de Maria. Quais seriam as maiores dificuldades para o diálogo ecumênico? Como Maria é concebida por alguns expoentes da história do protestantismo? Haveria um caminho para o consenso entre católicos e protestantes?

As linhas que se seguem esboçam uma tentativa de responder tais questões por meio da análise pastoral do problema; das concepções mariológicas, presentes na história do protestantismo; e das possibilidades de consenso a partir das Sagradas Escrituras e do diálogo bilateral Anglicano-Católico Romano, contido na *Declaração de Seattle*, que iluminam o caminho para o diálogo com as distintas confissões cristãs.

Dificuldades para o diálogo ecumênico

"No caminho havia uma pedra." Apropriando-se com certa ousadia e liberdade da poesia de Carlos Drumond de Andrade (2002), pode ser dito que não há uma, mas algumas pedras que se impõem no caminho do ecumenismo. Como se não bastassem o intimismo, o individualismo e a indiferença que se apresentam no campo religioso no contexto da pós-modernidade como barreiras para a comunhão ecumênica, a mariologia se apresenta também como um entrave para o diálogo entre católicos e protestantes. Por quê?

Historicamente, o movimento da Reforma Protestante foi religioso com implicações políticas. Sua base se concentrou nas cinco afirmações emblemáticas: *Sola Escriptura, Sola Fide, Sola Gratia, Solus Christus* e *Soli Deo Gloria*; sendo as ênfases que configuraram um novo sistema religioso baseado, dentre outras convicções, no sacerdócio universal de todos os crentes e no exame livre das Sagradas Escrituras, cujos efeitos reverberaram pela Europa do século XVI (Strohl, 2004, p. 13-23).

Conforme tal sistema, dogma algum deve prescindir da fundação bíblica que o confirme para legitimá-lo. Portanto, as construções dogmáticas da maternidade divina, virgindade perpétua, Imaculada Conceição (1854) e da assunção de Maria (1950) são, em geral, vistas com negatividade pelo senso comum protestante. Porém não apenas no campo doutrinário e dogmático são impostas pedras de entrave para o diálogo. A intensa devoção mariana ao longo da Idade contribuiu para que fosse gerada a associação de Maria como intermediária entre Deus e a humanidade, benfazeja e promotora de prodígios e milagres, tangenciando-a a uma natureza quase divina.

Consequentemente, essa maximização da figura de Maria, promovida pela piedade popular, distorceu seu papel atribuído bíblico-teologicamente na Doutrina da Salvação, dando-lhe contornos quase deístas e redentoristas. Por outro lado, a criteriologia calcada na legitimação dos dogmas nas Sagradas Escrituras, somada à reação frente às devoções marianas exacerbadas, conduziram o protestantismo a assumir uma concepção minimizadora, reduzindo e quase ignorando a importância de seu papel na economia da graça. Essas posturas levam as duas grandes tradições cristãs a um distanciamento abissal, dificultando o diálogo.

Será que haveria uma via que permitiria alcançar consensos em torno de Maria? Haveria possibilidades de uma mariologia ecumênica? A possibilidade é concreta, uma vez atentando para o sentido já enunciado do propósito do diálogo ecumênico, que é alcançar o consenso nos aspectos que unem os/as cristãos/ãs, em aprendizado mútuo, almejando a unidade na diversidade.

Papa Francisco, na *Evangelii Gaudium*, antes de tematizar o desafio do diálogo social como contribuição para a paz, utiliza originalmente a figura geométrica do poliedro como representativa frente ao desafio da unidade na promoção do bem comum e da paz social.

> Aqui o modelo não é a esfera, pois não é superior às partes e, nela, cada ponto é equidistante do centro, não havendo diferenças entre um ponto e o outro. O modelo é o poliedro, que reflete a confluência de todas as partes que nele mantêm a sua originalidade. Tanto a ação pastoral como a ação política procuram reunir nesse poliedro o melhor de cada um (EG, 236).

Essa imagem se aplica perfeitamente ao desafio do diálogo ecumênico, mesmo que em determinados temas, como o mariológico, pareça tarefa impossível de cumprir. A confluência de concepções sobre Maria pode ser o veio para a construção de uma mariologia ecumênica, dentro de um consenso no que é comum às igrejas, acolhendo novos aprendizados e respeitando a alteridade identitária da outra parte. Assim, mesmo que não sejam retiradas, as pedras no meio do caminho poderão ser transpostas ou contornadas.

Qual seria o caminho do consenso? É possível tematizar a mariologia em perspectiva ecumênica? Existem luzes que podem ser lançadas nesse caminho.

Buscando um consenso ecumênico

Moltmann (1983), indagando a respeito da existência de uma mariologia ecumênica, apresentou algumas condições para sua concretização. A primeira, que a mariologia eclesiástica tenha seu fundamento e medida no testemunho bíblico; a segunda, que deva servir à cristologia, ao mesmo tempo não a prejudicar nem tornar-se dela independente; e, a terceira, que sua fundamentação bíblica e cristocêntrica manifeste a ação e a presença do Espírito Santo na história de Cristo e da humanidade com Cristo (p. 15-16).

Esses imperativos principiam pela fonte primeva da Igreja de Cristo, as Sagradas Escrituras, que origina a tradição comum cristã que persiste por toda a antiguidade, constituindo-se no alicerce dogmático no qual todas as igrejas estão firmadas. Nessa tradição comum, insere-se a figura de Maria e afirmações de fé nela e dela decorrentes, confessadas por expoentes do protestantismo histórico, como Martinho Lutero, João Calvino, John Wesley.

Maria e os Reformadores no Protestantismo

Martinho Lutero – nascido em 10 de novembro de 1483, em Eisleben, Martinho Lutero foi um monge agostiniano, ordenado pelo mosteiro de Erfurt, e grande estudioso das Escrituras Sagradas, sendo professor de Bíblia em Wittenberg, onde desenvolveu intensa atividade também como pároco.

Foi um dos principais líderes da Reforma Protestante, que teve um impacto significativo na história religiosa e política da Europa. Suas 95 teses, que criticavam a prática da venda de indulgências pela Igreja Católica, foram um marco importante desse movimento.

A venda de indulgências era uma prática comum naquela época, na qual os fiéis podiam pagar à Igreja para obter perdão pelos pecados, muitas vezes associada à ideia de redução do tempo de punição no purgatório. Lutero, no entanto, considerava essa prática contrária aos ensinamentos das Escrituras Sagradas, especialmente em relação à salvação pela fé.

Ao afixar suas 95 teses na porta da Igreja do Castelo de Wittenberg, Lutero estava convidando para um debate público sobre essas questões teológicas. Suas críticas não se limitavam apenas à venda de indulgências, mas também questionavam a autoridade papal e a interpretação da Bíblia pela Igreja (Dreher, 1996, p. 23-40; Walker, 1967, p. 8-21).

O movimento da Reforma que se seguiu às ações de Lutero desencadeou uma ruptura significativa na cristandade ocidental, resultando na formação de várias denominações protestantes e na divisão da Igreja Católica. A Reforma teve consequências políticas, sociais e culturais duradouras, contribuindo para a formação da Europa moderna. Todavia, embora as tensões e rupturas tenham sido uma tônica enfatizada pela história, bem como os conflitos gerados, a tradição comum foi mantida, o que incluiu, em certa medida, a mariologia.

Embora rejeitando certas doutrinas e práticas católicas associadas a Maria, como da virgindade perpétua, Lutero manteve uma devoção pessoal por ela, reconhecendo seu papel na história da salvação. Ele acreditava que Maria era uma figura piedosa e virtuosa, escolhida por Deus para ser a mãe de Jesus. Todavia, enfatizando a centralidade de Cristo como mediador entre Deus e os seres humanos, argumentava que a devoção excessiva a Maria e aos santos desviava a atenção do papel único de Cristo na obra da salvação.

Essa concepção é bem expressada no comentário ao Magnificat (Lutero, 1999), escrito em 1521, dirigido ao Príncipe João Frederico como um guia de orientação para o exercício responsável da política. Lutero compreendia o Cântico de Maria como uma expressão da justiça de Deus, que se manifesta na inversão das hierarquias terrenas: "o cântico da Virgem Maria, pelo qual agradece a Deus por fazer grandes coisas nela e através dela". Reconhecia uma mensagem revolucionária, que exalta os humildes e derruba os poderosos, refletindo a obra transformadora de Deus na história.

Nessa obra, Lutero (1999) designa Maria como "Mãe de Deus" (*Theotókos*), "Virgem", e a quem podem ser dirigidas súplicas. "Peçamos a Deus que nos faça compreender bem as palavras do Magnificat... Oxalá Cristo nos conceda esta graça por intercessão de sua Santa Mãe! Amém" (p. 44-45).

Outra obra de Lutero são os Artigos de Esmalcalda, escritos em 1537, como uma resposta aos acontecimentos religiosos e políticos de sua época. Eles consistem em uma série de escritos que refletem sua posição teológica a respeito de várias questões, especialmente em relação à justificação pela fé e à autoridade das Escrituras, dispostos em cinco artigos.

Precisamente no segundo artigo, a respeito do qual tematiza a justificação pela fé em Cristo, apresenta a fórmula de fé cristológica exprimindo sua concepção mariológica: "O Filho de Deus fez-se homem, de modo a ser concebido do Espírito Santo sem o concurso de varão e a nascer de Maria pura, santa e sempre virgem" (Lutero, 1980).

João Calvino – João Calvino nasceu em Noyon, França, em 10 de Julho de 1509. Foi para Paris aos 14 anos, onde estudou gramática, retórica, lógica, aritmética, geometria, astronomia e música. Calvino formou-se em Direito e Literatura. Em 1532 escreveu seu primeiro livro, um comentário à obra *De Clementia de Sêneca*. Em 1533, na reabertura da Universidade de Paris, escreveu um discurso atacando a teologia dos escolásticos, o que lhe rendeu a perseguição por parte da Igreja de Roma. Não se sabe ao certo, mas foi nesse período (entre 1533 e 1534) que possivelmente Calvino fez sua experiência de conversão (Dreher, 1999, p. 94-102; Walker, 1967, p. 69-80).

Sendo também uma figura proeminente na Reforma Protestante, conhecido por suas ideias teológicas e pela influência que exerceu sobre o desenvolvimento do pensamento reformado. Suas Institutas da Religião Cristã são consideradas uma das obras mais importantes da teologia protestante.

Calvino defendia doutrinas como a soberania de Deus, a predestinação e a autoridade suprema das Escrituras. Sua teologia enfatizava a soberania divina em todas as áreas da vida, incluindo a salvação e a organização da igreja e da sociedade.

Apesar de ser uma figura controversa, com algumas interpretações que o retratam como autoritário, seu legado teológico é inegável. Suas ideias influenciaram não apenas o movimento reformado, mas também tiveram um impacto significativo em outras correntes do protestantismo e até mesmo além do cristianismo.

Ao longo de sua vida, Calvino produziu uma vasta quantidade de escritos, incluindo tratados, cartas e comentários bíblicos, que contribuíram para a disseminação de suas ideias e para o desenvolvimento da teologia reformada. Sua morte em 1564 não diminuiu sua influência, e suas obras continuaram a moldar o pensamento teológico por séculos, após sua partida (Dreher, 1999, p. 98).

Assim como Lutero, Calvino também questionou muitas das doutrinas e práticas católicas associadas a Maria durante a Reforma Protestante. Ele rejeitou a ideia de sua imaculada conceição, sua mediação especial e a intercessão dos santos, incluindo Maria, como intermediários entre os fiéis e Deus.

Diferentemente de Lutero, Calvino tendia a ter uma visão ainda mais reservada em relação a Maria. Ele acreditava que qualquer forma de veneração ou devoção a Maria que pudesse obscurecer o papel único de Cristo como mediador deveria ser evitada. Calvino enfatizava a soberania de Deus e a preeminência de Cristo em sua teologia, e via a devoção excessiva a Maria como uma forma de idolatria.

Contudo, em parte, sua concepção mariológica se evidencia em seu comentário ao Evangelho de Lucas. "Não podemos reconhecer as bênçãos que nos trouxe Jesus Cristo, sem reconhecer ao mesmo tempo quão imensamente Deus honrou e enriqueceu Maria, ao escolhê-la para Mãe de Deus" (Calvino, 2023). Como em Lutero, também designará Maria como *Theotokos*, ressaltando a concepção virginal.

John Wesley – John Wesley foi um influente líder religioso e teólogo pastoral, conhecido principalmente por ser o fundador do movimento metodista. Sua vida e obra tiveram um impacto significativo não apenas na Inglaterra, mas em todo o mundo.

Nascido em uma família anglicana, Wesley teve uma experiência espiritual transformadora em 1738, que o levou a uma profunda compreensão da graça de Deus e da salvação por meio de Cristo. Essa experiência foi um ponto de virada em sua vida e marcou o início do movimento metodista (Heitzenrater, 1996, p. 25-32; 73-96).

Wesley e seu irmão Charles foram pioneiros na formação de grupos de estudo e devoção na Universidade de Oxford, conhecidos como "Clube Santo", que mais tarde foram apelidados de "metodistas", devido à sua abordagem disciplinada à piedade e à misericórdia.

Após sua experiência do *Coração Aquecido*, Wesley dedicou-se incansavelmente ao ministério itinerante, pregando ao ar livre e fundando sociedades metodistas por toda a Inglaterra. Sua visão de "o mundo como minha paróquia" o levou a levar a mensagem do evangelho para além das paredes da igreja, alcançando as classes trabalhadoras e marginalizadas (Heitzenrater, 1996, p. 98-146).

Além de seu trabalho evangelístico, Wesley também foi um prolífico escritor e intelectual. Ele escreveu milhares de sermões, além de obras sobre uma variedade de temas, incluindo teologia, filosofia, história e educação.

Sua paixão pelo ensino levou à fundação de escolas e hospitais metodistas, demonstrando seu compromisso com a salvação integral do ser humano.

A morte de Wesley em 1791 não diminuiu sua influência. O movimento metodista que ele iniciou continuou a crescer e se espalhar, tornando-se uma das maiores denominações cristãs do mundo. Sua abordagem prática e sua dedicação ao serviço social deixaram um legado duradouro, que ainda é sentido hoje em dia (Heitzenrater, 1996, p. 261-326).

A relação entre Maria e John Wesley, o fundador do metodismo, é interessante de analisar dentro do contexto do movimento metodista e da teologia wesleyana. Assim como Lutero e Calvino, Wesley rejeitou muitas das doutrinas e práticas católicas associadas a Maria, como sua mediação especial, a intercessão e a veneração excessiva. No entanto, ao contrário de Calvino, Wesley tinha uma visão mais positiva de Maria.

Wesley reconhecia o papel único de Maria como a mãe de Jesus e valorizava sua humildade, fé e obediência a Deus. Ele acreditava que essas qualidades exemplares de Maria poderiam servir de modelo para os cristãos em sua própria jornada espiritual, sem tangenciar a idolatria. Na teologia wesleyana, Maria é vista como uma figura piedosa e virtuosa, mas não como uma mediadora entre os fiéis e Deus. Em vez disso, o foco principal da devoção permanece cristocêntrico. Portanto, enquanto Wesley reconhecia e respeitava o papel de Maria na história da salvação, ele não a elevava a um status divino ou intermediário.

Portador de um espírito aberto ao diálogo com outras tradições, particularmente em uma de suas cartas, dirigida a um sacerdote católico romano, em 1749, Wesley pontuou os aspectos de unidade e dissenso entre o protestantismo e a Igreja Católica Romana. Surpreendentemente, em se tratando do tema da mariologia, declarou:

> Creio que [Jesus] foi feito homem, unindo a natureza humana à divina em uma só pessoa; sendo concebido pela obra singular do Espírito Santo, nascido da abençoada Virgem Maria que, tanto antes como depois de dá-lo à luz, continuou virgem pura e imaculada (Wesley, 1960, p. 9).

Conforme indicado, o fundador do metodismo acreditava na virgindade perpétua de Maria, além de designá-la também como *Theotókos*, conforme a tradição antiga comum. Essa particularidade se destaca da posição dos demais reformadores, abrindo um caminho importante de diálogo em mais um ponto de conexão desse "poliedro ecumênico".

Diante dessas exposições, no tocante aos reformadores protestantes, a mariologia está intrinsecamente associada à cristologia. Dentro da economia salvífica há um consenso em atribuir-lhe um papel fundamental no projeto divino de salvação, assim como na confirmação da tradição patrística, que levou à titulação de "Mãe de Deus" (*Theotókos*), invocada para reafirmar a união hipostática de Cristo. A conclusão a que se chega é de Maria ser, pelo menos nesses aspectos, um problema para o diálogo ecumênico entre católicos e protestantes. Conforme observou Maron (1983), "Maria pode e deve ter, do ponto de vista evangélico, um lugar na pregação e no anúncio" (p. 76).

Assim, para que o diálogo mariológico avance um pouco mais, seria necessária a apreensão dessa vinculação cristológica, tal como enunciada por Moltmann, desenvolvida a partir das Sagradas Escrituras. Foram delas que emergiram as fórmulas doutrinárias e dogmáticas desenvolvidas pela patrística e consensuadas pelos concílios na antiguidade. Portanto, o testemunho bíblico sobre Maria deve ser evocado como fonte comum que alimenta e sustenta a fé e a espiritualidade da Igreja com a graça e a esperança.

Maria nas Sagradas Escrituras

O que atesta a fonte comum dos cristãos sobre Maria? No Novo Testamento contém relatos sobre a vida de Jesus que viabilizam o encontro com Maria na Bíblia e atestam-na como uma mulher piedosa e virtuosa, escolhida por Deus para ser a mãe do Salvador. Esse encontro acontece tanto pela apreensão dos sentidos, como pela espiritualidade alimentada pela Palavra de Deus, para além da mera letra contida nas narrativas, permitindo que gerem palavras de vida e alimentem a espiritualidade das pessoas crentes.

Mateus e Lucas reúnem importantes passagens do *Evangelho da Infância de Jesus*, nas quais é registrada a participação de Maria. No Evangelho de Mateus, é feito esse registro na narrativa do anúncio do nascimento de Jesus (Mt 1,18-25); na visita dos Magos (Mt 2,1-12); na fuga para o Egito e o retorno (Mt 2,13-23) e Retorno do Egito (Mt 2,19-23).

No Evangelho de Lucas, que dedica considerável atenção à sua figura, os registros são descritos também na narrativa do anúncio do nascimento de Jesus (Lc 1,26-38), quando Maria expressa sua submissão à vontade de Deus, dizendo: "Eis aqui a serva do Senhor; que se cumpra em mim segundo a tua palavra" (Lc 1,38); na visita de Maria a Isabel (Lc 1,39-56), momento em que Isabel reconhece a grandeza de Maria e a saúda com as palavras que se tornaram conhecidas como *Magnificat*; no nascimento de Jesus (Lc 2,1-20), também narra a visita dos pastores ao recém-nascido e o louvor deles por tudo que haviam visto e ouvido; na apresentação de Jesus no Templo (Lc 2,21-40), inserindo as figuras de Simeão e Ana, que profetizam sobre o futuro de Jesus, trazendo conforto e esperança a Maria e José; e o encontro de Jesus no Templo, aos 12 anos (Lc 2,41-52), quando, depois de procurá-lo por três dias,

Maria e José o encontram no Templo, onde está discutindo com os doutores da Lei.

O Evangelho de João, embora não tenha tantas referências diretas a Maria quanto os Evangelhos de Mateus e Lucas, ainda menciona alguns momentos importantes: as Bodas em Caná (Jo 2,1-12), na qual Maria se aproxima de Jesus e pede sua intervenção em relação à falta de vinho, quando é seu ministério público; e o registro de sua presença na crucificação juntamente com outras mulheres discípulas (Jo 19,25-27).

Em Atos dos Apóstolos, Maria não é mencionada explicitamente, pois o propósito fundamental de Lucas é apresentar o crescimento e a expansão da igreja primitiva, após a ascensão de Jesus e a vinda do Espírito Santo no Pentecostes. No entanto, após a ascensão de Jesus e antes do Pentecostes, Atos 1,14 menciona que "todos estes perseveravam unanimemente em oração e súplicas, com as mulheres, e Maria mãe de Jesus, e com seus irmãos". Esta é uma das poucas menções de Maria após os eventos da ressurreição de Jesus, e indica que ela estava presente com os discípulos naquele momento de oração e expectativa, antes da descida do Espírito Santo.

Dentro do propósito de uma mariologia ecumênica, devem ser ressaltadas narrativas e temas que apresentam convergências hermenêuticas entre católicos e protestantes. Nesse sentido, podem ser destacadas três:

- o **chamado divino**, convocando-a para a participação no mistério da salvação da humanidade, na "humildade de serva" (Lc 1,48), próprio das narrativas do chamamento dos profetas no Antigo Testamento;
- a **concepção virginal**, que segundo as passagens sinóticas (Mt 1,20-23; Lc 1,34-35) sinalizam a presença e a ação do Espírito Santo na proclamação da Boa-Nova da salvação; e

- a **presença da graça de Deus**, evidenciando o perpétuo reconhecimento de Maria como bem-aventurada, ao acolher o chamado para participação no projeto de salvação (Lc 1,42).

Aqui caberia, em certa medida, a imagem de Maria concebida por São Fulgêncio de Ruspe como a "escada celeste pela qual Deus desceu até a humanidade". Essa poderia ser uma concepção ecumênica mariológica, fomentadora de um diálogo profícuo entre católicos e protestantes, uma vez que permite o encontro de Maria enquanto serva de Deus, com seu sim ao chamado; morada da salvação, guardando o bendito fruto em seu útero; e abundante na presença da graça, sendo uma seguidora fiel do Cristo ao longo de seu ministério, durante sua morte e junto à Igreja Primitiva. Nas palavras de Murad (2012), "toda de Deus e tão humana".

Seria possível reverenciá-la, a partir das narrativas, como também cultivar uma devoção nela inspirada no acolhimento do Verbo, que gera o encantamento e comprometimento com a realidade e seguimento radical, operoso na evangelização, caminhando na direção proposta pela declaração conjunta da **Comissão Internacional Anglicano-Católica Romana** *Maria: graça e esperança em Cristo*, a *Declaração de Seattle* (2005):

> o testemunho bíblico convoca todos os que creem, em qualquer geração, a chamar Maria de "bem-aventurada; esta mulher judia de origem humilde, esta filha de Israel que vive na esperança de justiça para o pobre, a qual Deus abençoou e escolheu para se tornar a virgem mãe de seu Filho por meio da descida do Espírito Santo. Devemos bendizê-la como a "serva do Senhor", que deu seu livre assentimento para o cumprimento do plano de salvação de Deus; como mãe que guardou todas as coisas em seu coração; como uma refugiada buscando asilo em terra estrangeira; como a mãe transpassada pelo sofrimento inocente de seu próprio filho; e como mulher à qual Jesus confiou seus amigos. Somos um com ela e os discípulos, quando eles rezam pelo derramamento do Espírito sobre a Igreja nascente, a família escatológica de

> Cristo. E nós podemos até vislumbrar nela o destino final do povo de Deus para compartilhar a vitória de seu filho sobre os poderes do mal e da morte (p. 27).

Essa mesma declaração abre um importante caminho para o diálogo ecumênico em torno de Maria, aventando uma via alternativa à tendência de maximização católica e minimização protestante, sem verticalismo ascendente ou descendente, mas uma horizontalidade mariológica.

Maria: graça e esperança em Cristo – Declaração de Seattle

Firmado em 2 de fevereiro de 2004, no dia da Festa da Apresentação, na Cidade de Seattle, Illinois, EUA, o documento apresentou a conclusão em consensos mínimos para que uma mariologia ecumênica se concretize e ilumine as pastorais e a piedade de distintas comunidades de fé cristã.

Em primeiro lugar, a **Comissão Internacional (2005)** sustenta nos seguintes termos:

- ✓ que qualquer interpretação do papel de Maria não deve obscurecer a mediação única de Cristo;
- ✓ que qualquer consideração a respeito de Maria deve estar ligada às doutrinas de Cristo e da Igreja;
- ✓ que reconhecemos a bem-aventurada Virgem Maria com *Theotókos*, a Mãe de Deus encarnado, e assim observamos suas festas e a honramos entre os santos;
- ✓ que Maria foi preparada pela graça para ser mãe do Redentor, pelo qual ela própria foi redimida e recebida na glória;
- ✓ que reconhecemos Maria como modelo de santidade, fé e obediência para todos os cristãos; e
- ✓ que Maria pode ser vista como uma figura profética da Igreja (p. 59-60).

Após intensa discussão sobre as controvérsias e dissensos, o estudo conjunto em tom fraterno e longânimo resultou em alguns significativos avanços consensuais que constam nas seguintes afirmações:

- ✓ o ensinamento de que Deus acolheu em sua glória a bem-aventurada Virgem Maria na completude de sua pessoa, de acordo com a Escritura, e somente à luz desta;
- ✓ que, em vista da vocação de Maria para ser mãe do Santo, a obra redentora de Cristo "resgatou" em Maria a profundidade de seu ser, e desde seu início;
- ✓ que o ensinamento sobre Maria em duas definições da Assunção e da Imaculada Conceição, entendido dentro do modelo bíblico da economia da esperança e graça, pode ser considerado consoante o ensinamento das Escrituras e das antigas tradições comuns;
- ✓ que esse acordo, quando aceito pelas nossas duas Comunhões (Anglicana e Católica), colocaria as questões sobre autoridade surgidas das duas duas definições de 1854 e 1950 em novo contexto ecumênico;
- ✓ que Maria tem um ministério contínuo que serve o ministério de Cristo, nosso único mediador; que Maria e os santos oram por toda a Igreja e que a prática de pedir a Maria e aos santos para que orem por nós não impede a Comunhão (p. 61-62).

Em vista dessas afirmações, é possível trilhar um caminho ecumênico em torno de Maria a partir da tradição cristã comum, do testemunho bíblico e da contextualização dos dogmas da Imaculada Conceição e da Assunção, na perspectiva do diálogo comunial. Trata-se de um caminho desafiador, viável pela manifestação de uma espiritualidade ecumênica, do encontro e envolvimento para além do simples consenso, permitindo prevalecer os imperativos do perdão, da mudança (conversão do) de coração, da humildade, da caridade.

Uma espiritualidade que nasce da mesma fonte, a Palavra de Deus, sendo fundamentalmente praxiológica do que dogmática.

> Exercê-la implica em sentir-se convidado ao exercício da compaixão e longanimidade, trilhando um "caminho das pedras" fixado em aspectos comuns dentro da diversidade de igrejas e pluralidade religiosa. Um caminho que Santa Teresa ajuda a trilhar calcado na oração, na humildade e no perdão. Que o legado wesleyano convida a lembrar na declaração: "Se o teu coração é igual ao meu, dá-me a tua mão". Caminho proposto de cura plenas do corpo místico de Cristo, de restauração da comunhão (PEREIRA, 2016, p. 284).

A espiritualidade, enquanto experiência de fé ecumênica, é o eixo que direciona à segunda parte desta reflexão sobre a mariologia. Permite que novas confluências "poliédricas", extrapolando os acordos e estendendo às formas de devoção legítimas do ponto de vista da mística popular, partindo assim da Maria das Igrejas em direção a Maria do povo.

Segunda Parte – Maria do Povo

"Me disseram porém, que eu viesse aqui
Pra pedir em romaria e prece
Paz nos desaventos
Como eu não sei rezar, só queria mostrar
Meu olhar, meu olhar, meu olhar."
("Romaria", Renato Teixeira)

O desafio da unidade na diversidade se apresenta como uma condição inescapável para o ser humano, que é constantemente confrontado com a convivência em meio à biodiversidade cultural e religiosa. Mesmo diante das diferenças, há um ambiente comum em que todos vivem, sendo necessário encarar conscientemente esse desafio.

A diversidade religiosa surge como uma expressão da busca humana pelo transcendente, refletindo a riqueza ética e cultural da humanidade. Essa diversidade pode provocar diversas reações, desde simpatia até rechaço, mas representa uma oportunidade para o encontro e o diálogo inter-religioso.

No contexto brasileiro, a pluralidade religiosa é uma característica cultural fundamental e constitutiva, conforme se verá mais adiante, a partir das contribuições de Bittencourt Filho (2003), ao estabelecer a categoria de estudo socio-histórica *matriz religiosa brasileira,* que configura um cenário polissêmico e diverso no âmbito da ciência da religião aplicada ao contexto do nosso País. Nesse cenário, o princípio da comunhão, em perspectiva inter-religiosa, apresenta-se como fundamental.

Historicamente, é nesse contexto que as devoções populares marianas se expressarão fortemente, conduzindo o tema em questão para o âmbito externo aos dogmas e estruturas eclesiásticas, para além do diálogo ecumênico, na direção de uma interlocução inter-religiosa. Nesse sentido, nesta etapa do estudo, caberá uma pequena análise sobre Maria nas devoções populares e no sincretismo, refletida à luz da Teologia das Religiões e do Princípio Pluralista, bem como do valor da experiência mística inter-religiosa, a ser observada nas manifestações mariofânicas, não reconhecidas pela Igreja Católica.

Maria na devoção popular

Maria é frequentemente invocada na devoção popular como Nossa Senhora, intercessora e protetora em diversas situações da vida cotidiana, como saúde, família, trabalho e proteção contra o mal. Ela é vista como uma figura maternal que cuida e conforta seus devotos, e muitos creem em sua capacidade de interceder junto a Deus em seu favor.

Além disso, é associada a uma série de títulos e aparições específicas em diferentes regiões do mundo, como Nossa Senhora de Fátima, Nossa Senhora Aparecida, Nossa Senhora de Guadalupe, entre muitos outros. Cada uma dessas devoções tem suas próprias tradições, rituais e festividades, que atraem multidões de fiéis todos os anos.

Na devoção popular, os devotos frequentemente recorrem a Maria como Nossa Senhora por meio de orações, novenas, procissões, peregrinações e promessas. Muitos também expressam sua devoção por meio de objetos religiosos, como imagens, medalhas e terços, que são venerados e utilizados como símbolos de proteção e fé.

A devoção a Nossa Senhora na religiosidade popular transcende fronteiras culturais e étnicas, unindo pessoas de diferentes origens em uma profunda expressão de fé e devoção. Para muitos crentes, a presença e intercessão de Nossa Senhora em suas vidas é uma fonte de consolo, esperança e inspiração espiritual.

O objetivo desta análise não é esgotar o assunto em torno de tais devoções, mas indicar aspectos subjacentes, no âmbito das ciências da religião, que auxiliam na compreensão desse fenômeno. um desses aspectos, circunscrito à área da psicologia da religião, é a configuração de Maria como símbolo de uma maternidade projetada pelo povo. Segundo Lopes e Guimarães (2017),

> Maria, mãe de Jesus Cristo e nossa, como símbolo, desperta emoções, sentimentos e mecanismos profundos, típicos da psique humana, cuja força nem sempre é entendida com clareza. Alguns dos sentimentos são da área da proteção, da segurança que, evitando um julgamento precipitado e arrogante, responde a necessidades do âmbito mais infantil. Isso não quer dizer, imediatamente, infantilização, embora o perigo exista. Mas não falta também uma atitude de quem

> busca, junto a ela, motivo de esperança para não se deixar afogar nas vicissitudes negativas da vida (p. 16).

Outro aspecto, de ordem sociológica, é o caráter ortoprático dessas devoções, correspondendo a um traço característico da religiosidade matricial brasileira, fruto da composição de alguns elementos, que se fundiram ao longo do tempo, conforme destacado acima pelas contribuições de Bittencourt Filho (2005), que, percorrendo o itinerário da história da formação da nacionalidade brasileira, destacou o catolicismo ibérico e a magia europeia, por ocasião da chegada dos colonizadores no século XVI. Esses se entrecruzaram com a religiosidade indígena autóctone; a influência e o sincretismo subsequentes das religiões de origem africanas; e, no século XIX, a chegada do espiritismo europeu e influxos do catolicismo romano (p. 19-45).

A conjunção desses elementos cunhou uma religiosidade matricial no encontro de duas perspectivas distintas: a visão calcada na sacramentalidade da natureza, interiorizada pelas mentalidades indígena e africana, crendo-se na existência de espíritos regentes das forças naturais; e a perspectiva abstrata e transcendental, típica do catolicismo ibérico, profundamente simbólico que se utiliza dos símbolos, não tão somente como mediação, mas agregando-lhes valores sacramentais ou mágicos (Bittencourt Filho, 2003, p. 41-49).

Essa dimensão sacramental dos símbolos e dos ritos, dentro do sistema de crenças proveniente dessa prática religiosa, será mais significativa que o dogma (ortodoxia) que explica seus fundamentos. A essa outorga de sentido à prática religiosa como um fim em si mesma, que nomeamos aqui como *ortopraxia*. Relacionada às devoções marianas populares, refere-se à ênfase na prática correta e adequada das devoções à Virgem Maria na tradição, envolvendo uma variedade de práticas, como rezar o terço, participar de novenas em honra a Maria, visitar santuários marianos, celebrar festas litúrgicas dedicadas a ela, como a Assunção ou a Imaculada Conceição, e viver uma vida devocional que reflita os ensinamentos e virtudes atribuídos a Maria, como a humildade, a obediência e a compaixão.

A ortopraxia das devoções marianas também pode envolver a adesão a certas tradições e costumes específicos associados à devoção mariana em diferentes culturas e regiões. Isso pode incluir procissões, cânticos, peregrinações e práticas de piedade popular, que são parte integrante da expressão da fé mariana em comunidades católicas ao redor do mundo e, particularmente no Brasil, onde as formas sincréticas de devoção a Maria afloram.

Maria no sincretismo

No sincretismo religioso brasileiro, Nossa Senhora é frequentemente associada a divindades de religiões de matriz africana, como o candomblé e a umbanda. Esse fenômeno ocorre devido à interação cultural e religiosa que ocorreu durante a colonização do Brasil, quando as crenças e práticas religiosas, trazidas pelos africanos escravizados misturaram-se com o catolicismo trazido pelos colonizadores ibéricos. Decorre do processo de constituição da formação da matriz religiosa mencionada.

Um exemplo marcante desse sincretismo é a associação entre Nossa Senhora da Conceição e Oxum, uma divindade feminina das religiões afro-brasileiras, associada à fertilidade, à água doce e ao amor. Em algumas representações e práticas religiosas, Nossa Senhora da Conceição é sincretizada com Oxum, e os devotos que buscam suas bênçãos recorrem a ela tanto como Nossa Senhora quanto como Oxum.

Outra associação comum é entre Nossa Senhora dos Navegantes e Iemanjá, a divindade do mar e da fertilidade, nas religiões afro-brasileiras. Assim como no caso de Nossa Senhora da Conceição e Oxum, Nossa Senhora dos Navegantes é frequentemente sincretizada com Iemanjá, especialmente em regiões costeiras do Brasil, onde ambas as devoções são fortes.

Seixas (2018), analisando particularmente essa última associação sincrética, aborda o fenômeno em perspectiva junguiana, identificando em Maria e em Iemanjá dois símbolos que manifestam um mesmo arquétipo maternal.

> O sincretismo entre as duas figuras parece-nos ter acontecido por motivos que misturam aspectos sócio, psíquico, político e culturais, onde o psíquico desempenha um papel importante. Os negros escravizados, humilhados, vivendo em condições abjetas e sub-humanas (condições políticas, sociais e econômicas), sendo expostos a uma religião que não era a deles, que falava da bondade de um Deus que não intercedia com bondade em suas vidas, sentiam uma necessidade psicológica profunda de encontrar alento e acolhida de qualquer forma que fosse possível para continuar existindo, já que não é possível falar que podiam gozar uma vida (p.124).

Caminhando nessa direção, Passos (2019) concebe as manifestações marianas utilizando-se da categoria *mariofania,* tomando de empréstimo o termo *Hierofania*, elaborado por Mircea Eliade (1999), referindo-se à manifestação do sagrado no mundo físico, ou seja, a revelação ou aparição do divino em formas tangíveis e perceptíveis aos seres humanos. Quando aplicado a Maria, o termo faz referência a várias manifestações ou eventos que são considerados pelos fiéis como revelações ou intervenções sobrenaturais da Virgem Maria. Ele faz a seguinte ponderação:

> A América Latina constitui um caso emblemático de construção de devoções marianas. Não há país do continente que não tenha Maria como padroeira, e, na maioria deles, as Marias são inculturadas aos momentos históricos e ao imaginário cultural local. Os seus mitos de origem narram

> essas manifestações nas mais variadas realidades; escondem e revelam as condições de vida do povo, os processos de negociação cultural e as relações entre o catolicismo popular e o catolicismo oficial (p. 48).

Essas manifestações são compreendidas em sua legitimidade, independentemente de uma geografia particularmente designada como apropriada, sagrada. Maria, encontrada nos grandes santuários, é também aquela que se manifesta na devoção do povo e nos terreiros, invocada no bojo de uma simbiose religiosa própria de nosso sincretismo. Sua presença pode ser vista de duas maneiras distintas, porém complementares.

Primeiro, como um símbolo arquetípico, representando aspectos universais da feminilidade, da maternidade e da conexão com o divino, refletindo a necessidade humana profunda de uma figura maternal e divina, transcendendo fronteiras culturais e religiosas específicas (Passos, 2019).

Em segundo lugar, em termos de ressignificação socioteológica, na qual elementos de diferentes tradições religiosas são combinados ou adaptados para atender às necessidades específicas de uma comunidade ou grupo religioso. Nesse sentido, Maria pode ser integrada a práticas sincréticas como resultado de processos de sincretismo cultural, em que elementos de várias tradições são mesclados em uma nova síntese religiosa. Isso pode ser influenciado por fatores históricos, sociais e políticos, bem como pela dinâmica de poder entre diferentes grupos religiosos (Passos, 2019).

É importante notar que na devoção sincrética as associações entre Maria e outras divindades consideradas idênticas, tampouco que os devotos vejam as duas figuras como intercambiáveis. Pelo contrário, o sincretismo religioso reflete uma forma de expressão de fé que incorpora elementos de diferentes tradições religiosas, criando uma síntese única e complexa de espiritualidade.

Essa espiritualidade jamais poderá ser negada no âmbito da reflexão teológica, tanto quanto pelos estudos do fenômeno religioso. Contudo, que reflexão teológica partiria de tal consideração? Que princípio contribuiria para uma análise que caminhasse sem o entrincheiramento confessional, reconhecendo a legitimidade e valor dessas manifestações? É possível encontrar um caminho na teologia das religiões e no princípio pluralista.

Contribuições da Teologia das Religiões e do Princípio Pluralista

Diante da procura de caminhos para uma reflexão mariológica em perspectiva inter-religiosa inserida no contexto brasileiro, marcado pela pluralidade cultural e religiosa, alguns estudiosos como Faustino Teixeira (2007), Marcelo Barros (2007; 2008) e Ramon Panikkar (1978), no âmbito da Teologia das Religiões, e Cláudio Ribeiro (2014), tematizando sobre o princípio pluralista, propõem novos paradigmas para lidar com a diversidade religiosa e formas de devoção marianas populares e sincréticas, dentro do que cabe nesta reflexão.

Faustino Teixeira (2007), defende o reconhecimento do pluralismo como um novo paradigma para as religiões, promovendo a **hospitalidade inter-religiosa**. Faustino Teixeira, um teólogo brasileiro conhecido por sua reflexão em torno do diálogo inter-religioso e Teologia das Religiões, enfatiza a importância da "hospitalidade inter-religiosa" como um aspecto fundamental da convivência e da cooperação entre diferentes tradições religiosas (p. 29).

Teixeira desenvolve algumas ideias-chave sobre o tema. A primeira concerne ao **reconhecimento da dignidade religiosa**, na qual destaca a importância de reconhecer a dignidade e a validade das diferentes tradições religiosas. Isso envolve uma abordagem de respeito mútuo, em que cada tradição é valorizada em sua singularidade e riqueza espiritual. Outra ideia é a do **acolhimento do outro**, implicando em acolher o outro com generosidade e abertura, mesmo que suas crenças e práticas sejam em muitos aspectos diferentes. Isso inclui criar espaços seguros e inclusivos, onde pessoas de diferentes tradições religiosas possam se reunir e compartilhar suas experiências espirituais (p. 30).

A terceira ideia-chave é do **diálogo e aprendizado mútuo**. Teixeira enfatiza a importância do diálogo inter-religioso como uma forma de enriquecimento mútuo e crescimento espiritual, por meio do qual oportuniza aos indivíduos apreender as perspectivas e experiências religiosas uns dos outros, promovendo maior compreensão e apreciação da diversidade religiosa (p. 31).

A quarta ideia é a **colaboração em questões sociais e éticas.** A hospitalidade inter-religiosa também pode se manifestar por meio da colaboração prática entre diferentes tradições religiosas para abordar questões sociais e éticas comuns, como justiça social, direitos humanos, proteção ambiental e promoção da paz. Isso envolve transcender diferenças religiosas em prol do bem comum e da promoção do bem-estar de toda a humanidade (p. 32).

Marcelo Barros (2007) também contribui propondo o conceito de **hierodiversidade**, no qual reconhece a autenticidade de cada caminho espiritual e permitindo uma vivência de pertença à fé sem fechamento. Marcelo Barros é um teólogo brasileiro conhecido por suas contribuições a respeito da Teologia da Libertação, Diálogo Inter-religioso e Ecumenismo. Ele desenvolve tal conceito como parte de sua abordagem teológica e espiritual, especialmente em relação à diversidade religiosa e espiritualidade.

Hierodiversidade é a ideia de reconhecer e valorizar a diversidade de caminhos espirituais e religiosos que existem no mundo. O radical *hiero* vem do grego e está relacionado ao sagrado, ao divino, referindo-se o conceito à multiplicidade de expressões encontradas em diferentes tradições religiosas e espirituais.

Conforme tematiza Barros, essa ideia envolve os seguintes pontos:

a) **respeito à diversidade religiosa**, consistindo no respeito e valorização das diferentes tradições religiosas, reconhecendo que cada uma delas tem suas próprias perspectivas, práticas e compreensões do sagrado;

b) no **diálogo inter-religioso e ecumênico**, possibilitado pelo encontro entre pessoas de diferentes tradições religiosas, acreditando que o diálogo é uma forma poderosa de promover a compreensão mútua, a cooperação e a construção da paz;

c) **busca pela unidade na diversidade,** procurando encontrar pontos de convergência entre as diferentes tradições, transcendendo as diferenças religiosas e promovendo a solidariedade humana e a justiça; e

d) **espiritualidade inclusiva**, promovendo o acolhimento de pessoas de todas as tradições religiosas e mesmo daquelas que se identificam como não religiosas (p. 59-68).

Para Barros, o sagrado pode ser experimentado e vivenciado de muitas maneiras diferentes, e nenhuma tradição religiosa deve monopolizar a verdade espiritual. Portanto, **hierodiversidade** é um conceito que demarca a importância de reconhecer e valorizar a diversidade religiosa e espiritual do mundo, promovendo o diálogo, o respeito mútuo e a busca pela unidade na diversidade.

Barros (2008) também reconhece a importância teológica do sincretismo religioso, sustentando que

> O sincretismo poderia ser também o modelo pelo qual os grupos religiosos são levados a entrar num processo de redefinição da própria identidade, quando confrontados com o sistema simbólico de outro grupo ou de outra sociedade. (...) Por que, de repente, teólogos e antropólogos passam

> a encarar positivamente o mesmo sincretismo que, historicamente, autoridades e intelectuais sempre viram de forma negativa? A única explicação que temos é que tal abertura se dá quando se consegue analisar a questão não com olhos confessionais ou a partir da instituição, e sim com o olhar de amor ao povo e de preocupação com sua vida e libertação. Esse é o prisma que permite observar o sincretismo e a múltipla pertença de forma positiva (p. 54).

Outra contribuição é a do espanhol Raimon Panikkar (1978), conhecido por suas contribuições para o diálogo inter-religioso e para a reflexão sobre espiritualidade em um contexto globalizado e pluralista. Sua obra frequentemente propõe uma abordagem mais ampla e profunda do diálogo religioso, indo além das diferenças dogmáticas e intelectuais para alcançar uma comunhão mais profunda e autêntica entre as tradições religiosas e dentro delas numa perspectiva teológica do pluralismo religioso.

Panikkar sugere que o diálogo inter-religioso muitas vezes se limita ao nível intelectual, focando nas diferenças doutrinárias e nas formulações dogmáticas das diversas religiões. Dessa forma, propõe que esse diálogo se estenda para o **intrarreligioso**, ou seja, dentro de cada tradição religiosa, e que seja uma forma de comunicação interior aberta ao outro.

> A finalidade do diálogo intrarreligioso é a compreensão. Não se trata de ganhar o outro, nem chegar a um acordo total ou a uma religião universal. O ideal é a comunicação visando a preencher o fosso de ignorância entre as diferentes culturas do mundo, deixando-as falar e expor abertamente suas intuições nas linguagens de cada uma delas (p. 27).

Essa abordagem intrarreligiosa amplia o escopo do diálogo inter-religioso ao reconhecer a diversidade de perspectivas e práticas dentro de cada tradição religiosa. Ela também enfatiza a importância da experiência espiritual pessoal e da abertura ao mistério divino, indo além das formulações intelectuais e dogmáticas da fé.

Portanto, Panikkar propõe uma abordagem mais abrangente e inclusiva do diálogo religioso, que busca alcançar a dimensão profunda da fé por meio de uma intercomunicação interior e de uma disposição para se abrir ao outro, independentemente das diferenças externas. Essa visão busca promover uma verdadeira comunhão entre as tradições religiosas e dentro delas, transcendendo divisões superficiais em busca de uma compreensão mais profunda e significativa da experiência espiritual humana.

Claudio Ribeiro (2014) também apresenta uma importante contribuição por meio do princípio pluralista. Conforme descrito por Ribeiro, com base no conceito cunhado por de Homi Bhabha (...) de "entrelugar", esse princípio

> é um instrumento hermenêutico de mediação teológica e analítica da realidade sociocultural e religiosa que procura dar visibilidade a experiências, grupos e posicionamentos que são gerados nos entrelugares, bordas e fronteiras das culturas e das esferas de institucionalidades (p. 13).

A noção de "entrelugar", desenvolvida por Homi Bhabha (1998), refere-se ao espaço cultural marcado pela pluralidade, onde diferentes referências culturais se encontram e se entrelaçam. Esse conceito enfatiza a importância do diálogo e da negociação cultural, em vez da negação ou exclusão das diferenças. Nesse sentido, o entrelugar é um espaço de possibilidade, onde elementos distintos se articulam para criar novas realidades e significados (p. 27).

A abordagem fronteiriça da cultura, conforme descrito por Bhabha, implica um encontro com o "novo", que não se limita a uma continuidade entre passado e presente, mas que envolve uma renovação do passado por meio de uma refiguração como um entrelugar contingente. Isso significa que o passado é reinterpretado e revivido de forma a promover uma inovação e interrupção da atualidade (p. 28).

Frente a essa riqueza reflexiva teológica e pluralista, quais correlações poderiam ser feitas para o estudo de uma mariologia inter-religiosa? Em primeiro lugar, a ideia de uma **hospitalidade inter-religiosa**, pensada por Faustino Teixeira, parte da figura de Maria enquanto símbolo maternal da fé e na devoção comum em distintas tradições religiosas. Esse mesmo símbolo arquetípico maternal será reconhecido na riqueza da diversidade religiosa e cultural ao redor do mundo.

Maria é venerada de várias maneiras em diferentes tradições religiosas, refletindo a **hierodiversidade**, apresentada por Marcelo Barros, das práticas religiosas. A mariologia pode ser um exemplo da maneira como diferentes culturas interpretam e se relacionam com figuras religiosas comuns, destacando a diversidade de experiências espirituais e religiosas.

Em relação ao **sincretismo**, também cogitado por Barros, o estudo da mariologia também pode fornecer *insights* sobre a riqueza antropológica da religiosidade humana que, no Brasil, também contribui para o reconhecimento de seu valor e importância para a resistência e resiliência de grupos sociais e religiosos historicamente silenciados em sua alteridade. A simbiose com as divindades de matriz africana como basilares sobre a formação de comunidades portadoras de pautas identitárias étnico-religiosas.

A figura de Maria pode servir também como um ponto de partida para o **diálogo inter-religioso** concebido por Panikkar, possibilitando um entendimento mais profundo das semelhanças e diferenças entre as tradições religiosas, incentivando um diálogo construtivo e respeitoso dentro das experiências marianas na devoção popular e no sincretismo.

Nesse sentido, a mariologia pode ser vista como um exemplo para o **princípio pluralista**, proposta por Ribeiro. A partir do estudo das diferentes interpretações e devoções relacionadas a Maria, particularmente no Brasil, os teólogos podem promover uma abordagem inclusiva e respeitosa em relação à pluralidade religiosa, enfatizando a importância do diálogo e da cooperação entre diferentes tradições religiosas e setores da cultura, nos quais sua imagem é refigurada.

A experiência é o fio condutor dentro da perspectiva pluralista

Principiando a síntese desta reflexão, pode-se afirmar que o encontro com Maria para além das paredes confessionais é compreendido no lugar da experiência mística que ultrapassa as categorias conceituais, na qual a denominação *Deus* é vista como apenas um entre muitos nomes que designam a realidade do Mistério. Embora as tradições religiosas possam diferir em suas formas de nomear essa realidade, a aproximação pode ocorrer em um nível relacional mais profundo (Pereira, 2021, p. 51).

Esse nível relacional mais profundo, conforme proposto por Thomas Merton (1978) e Paul Tillich (2002), indicado por Faustino Teixeira (2004), é caracterizado como uma comunicação em profundidade. Nesse estado, a experiência mística provoca um aprofundamento do ser, um desapego e despojamento que levam o indivíduo à dinâmica da alteridade, ou seja, à compreensão e abertura ao outro.

Esse processo de desapego e abertura promove uma autocompreensão como ser finito diante da mesma força vital que é compartilhada por outros em diferentes tradições religiosas e culturais. Tal experiência de acolhimento do mistério em profundidade pode refletir-se na acolhida despojada do outro em sua alteridade.

Trata-se de uma abordagem que transcende a objetividade dos dogmas particulares, percebendo-os como vias que levam ao mesmo ponto vital. Ou seja, embora as tradições religiosas possam ter diferentes dogmas e práticas, todas elas podem conduzir a uma compreensão mais profunda do Mistério Sagrado e promover a aceitação e acolhimento do outro em sua diversidade. É nesse nível que torna possível o diálogo e apreensão da experiência mariológica em meio ao pluralismo religioso no Brasil.

Velasco (2003) pontua o caminho da experiência mística como fonte e centro para o diálogo inter-religioso.

> Por isso, uma religião que coloca a instituição, os dogmas, os ritos no seu centro está, quase por necessidade, condenada a marginalizar quem vive numa instituição diferente, afirma outras verdades ou pratica outros ritos. Por outro lado, uma religião como a do místico, que põe o seu centro na experiência do Mistério, coloca quem a vive na melhor disposição para valorizar a vida religiosa, onde quer que ela floresça, ao mesmo tempo que supera a tentação absolutista e exclusivista. e o perigo do indiferentismo. Também o coloca em melhores condições para relativizar as mediações do Mistério, facilitando assim o diálogo entre as diferentes religiões (p. 472).

Indiscutivelmente, no Brasil, a devoção mariana desempenha um papel significativo na vida religiosa e espiritual do povo, independente das afiliações sua afiliação religiosa. Essa devoção está profundamente enraizada na cultura brasileira e é expressa de várias maneiras, sendo um ponto de convergência e diálogo Cultura popular e sincretismo religioso; nas peregrinações aos santuários e celebrações compartilhadas; na veneração entre distintas tradições de fé; e nas experiências místicas mariofânicas.

Essa Maria, antes da entronização nos andores, passeia pelo coração e pela mística do povo, que mesmo sem muito apego à ortodoxia, devota a Nossa Senhora ou a "Mãe-Vida" (Irarrazaval, 2008, p. 116), que a todos aninha, consola, alimenta e assegura. Que é vista no rio, em uma gruta, em um arbusto; manifesta-se no centro de Umbanda, no terreiro, invocada por pretos velhos; é identificada com as jovens mães, as sofredoras que precocemente perdem seus filhos; e acolhida como mãezinha de seios fartos a fortalecer seus filhos e suas filhas.

Considerações finais

Considerando tudo que foi exposto, importa encerrar esta reflexão atentando para os caminhos e possibilidades de uma mariologia ecumênica e inter-religiosa. As possibilidades de uma mariologia ecumênica consistem nos seguintes aspectos:

- ✓ Os consensos ajudam a avançar na compreensão mútua sobre a Virgem Maria nas comunidades eclesiais (horizontalização do diálogo). Desempenham um papel significativo na promoção da compreensão mútua sobre a Virgem Maria nas comunidades eclesiais.
- ✓ Os consensos ecumênicos também incentivam as diferentes tradições cristãs a se engajarem em um diálogo construtivo e colaborativo sobre questões teológicas, incluindo o papel de Maria na fé cristã. Esse diálogo horizontal facilita a troca de perspectivas, a exploração de pontos de convergência e a busca de entendimento mútuo.
- ✓ Por meio do diálogo ecumênico, as comunidades cristãs podem identificar áreas de acordo ou consenso em relação à figura de Maria, reconhecendo pontos de convergência em doutrinas e práticas marianas. Isso ajuda a fortalecer a unidade entre as tradições cristãs e a construir uma compreensão compartilhada da devoção mariana.

✓ Por meio do diálogo ecumênico e da busca por consensos, as comunidades cristãs podem dar um testemunho público comum sobre a importância e o significado de Maria na fé cristã, à luz das Sagradas Escrituras e da tradição conciliar comum. Isso fortalece a voz unificada das tradições cristãs e pode contribuir para uma compreensão mais ampla e positiva da devoção mariana na sociedade em geral.

Por seu turno, a abordagem comparada e plural da experiência religiosa, dentro do diálogo inter-religioso, pode enriquecer profundamente a vivência da devoção mariana e expandir sua compreensão para além dos limites do exclusivismo eclesiástico (dinâmica do envolvimento). Aqui estão algumas maneiras pelas quais isso pode ocorrer:

✓ Ao comparar e contrastar as diferentes maneiras como as várias tradições religiosas vivenciam a espiritualidade e a devoção, os participantes do diálogo inter-religioso podem adquirir uma compreensão mais ampla e abrangente da devoção mariana. Isso pode ajudar a contextualizar e enriquecer suas próprias práticas e crenças marianas, dentro de um quadro mais amplo de experiências espirituais humanas.

✓ A exposição a diferentes tradições religiosas pode oferecer *insights* sobre diferentes aspectos da devoção mariana, bem como diferentes formas de interpretar e vivenciar sua importância espiritual. Isso pode abrir novos horizontes e possibilidades de entendimento para os participantes do diálogo inter-religioso, permitindo-lhes explorar uma variedade de perspectivas e abordagens em relação a Maria.

- ✓ O diálogo inter-religioso pode ajudar a reconhecer e apreciar a diversidade de devoções marianas em todo o mundo e, particularmente, no Brasil, pelas experiências de devoção popular e sincrética, bem como as várias formas como Maria é entendida e venerada em diferentes contextos religiosos e culturais. Isso pode enriquecer a compreensão da riqueza e complexidade da figura de Maria, indo além de uma visão exclusivista centrada em uma única tradição religiosa.
- ✓ Ao se envolver ativamente no diálogo inter-religioso, é oportunizado o testemunho da importância da devoção mariana individual e coletiva, de maneiras novas e significativas. Isso pode fortalecer conexões pessoais com Maria e promover uma compreensão mais profunda e autêntica de sua devoção, que transcende as fronteiras do exclusivismo eclesiástico e se torna mais inclusiva e aberta à diversidade espiritual na cultura brasileira.

Referências bibliográficas

BARROS, M. *Moradas do vento nos caminhos humanos:* para uma teologia da hierodiversidade. Teologia do pluralismo religioso: o paradigma emergente. Concilium/319. Petrópolis: Vozes, 2007. p. 59-68.

BARROS, M. Múltipla pertença, o pluralismo vindouro. In: VIGIL, J. M.; TOMITA, L. E.; BARROS, M. (Orgs). *Teologia pluralista libertadora intercontinental.* São Paulo: Paulinas, 2008. p. 41-60.

BHABHA, H. K. *O local da cultura.* Belo Horizonte: Editora UFMG, 1998.

BITTENCOURT FILHO, J. Matriz e Matrizes: constantes no pluralismo religioso. In: PASSOS, João Décio (org.).

Movimentos do Espírito: Matrizes, afinidades e territórios pentecostais. São Paulo: Paulinas, 2005. p. 19-45.
BITTENCOURT FILHO, J. *Matriz Religiosa*. Petrópolis: Vozes, 2003.
CALVINO, J. *Harmonia dos Evangelhos*. vol. 2. São José dos Campos: Fiel, 2023.
COMISSÃO INTERNACIONAL ANGLICANO-CATÓLICA ROMANA. Maria: graça e esperança em Cristo. São Paulo: Paulinas, 2005 (Coleção oikoumene).
DREHER, Martin N. *A crise e a renovação da Igreja no período da Reforma*. São Leopoldo: Sinodal, 1996. (Coleção história da igreja, v. 3).
ELIADE, M. *O sagrado e o profano:* a essência das religiões. São Paulo: Martins Fontes, 1999.
FRANCISCO, Papa. Exortação Apostólica *Evangelii Gaudium* (sobre o anúncio do Evangelho no mundo atual). São Paulo: Paulinas, 2013.
FREIRE, P. *Pedagogia do oprimido*. 79ª ed. São Paulo: Paz e Terra, 2021.
HEITZENRATER, R. P. *Wesley e o Povo Chamado Metodista*. São Bernardo do Campo/Rio de Janeiro: EDITEO/Bennett, 1996.
IRARRAZAVAL, D. María en el cristianismo latinoamericano. In: *Concilium*/327. Los muchos rostros de María. Navarra: Verbo divino, 2008. p. 107-116.
KÜNG, Hans. *Projeto de Ética Mundial*. 4ª ed. São Paulo: Paulinas, 2003.
LOPES, J. R.; GUIMARÃES, E. *Maria:* o pequeno evangelho. In: *Annales*, Belo Horizonte, v. 2, n. 4 (2017). p. 15-20.
LUTERO, M. Artigos de doutrina cristã (Artigos de Esmalcalde - 1537). In: COMISSÃO INTERLUTERANA DE LITERATURA, ed. *Livro de Concórdia*; as confissões da Igreja Evangélica Luterana. São Leopoldo: Sinodal; Porto Alegre: Concórdia, 1980. p. 305-341.

LUTERO, M. *O louvor de Maria*. São Leopoldo: Sinodal, 1999 (Coleção Lutero para hoje).

MARON, G. *Maria na teologia protestante*. In: Maria nas igrejas: perspectivas para uma mariologia ecumênica. Concilium/188. Petrópolis: Vozes, 1983. p. 67-77.

MERTON, T. *O diário da Ásia*. Belo Horizonte, Veja, 1978.

MOLTMANN, J. Existe uma mariologia ecumênica? In: *Maria nas igrejas: perspectivas para uma mariologia ecumênica*. Concilium/188. Petrópolis: Vozes, 1983. p. 11-16.

MORIN, E. *Os sete saberes necessários à educação do futuro*. São Paulo: Cortez; Brasília: UNESCO, 2006.

MURAD, A. *Maria. Toda de Deus e tão humana:* Compêndio de mariologia. São Paulo: Paulinas, 2012.

ANDRADE, C.D. No meio do caminho. In: *Poesias completas*. Rio de Janeiro: Nova Aguilar, 2002.

PANIKKAR, R. *The intrareligious dialogue*. New York, 1978.

PASSOS, J. D. As construções socioteológicas das manifestações marianas. *Reflexão*, v. 44, e 194730, 2019. http://dx.doi.org/10.24220/2447-6803v44e2019a4730

PEREIRA, G. L. Direções para a espiritualidade ecumênica: um olhar de um não católico sobre Unitatis Redintegratio. In: *Atualidade Teológica*. Rio de Janeiro, v. 20, n. 53, p. 281-293, mai./ago. 2016.

PEREIRA, G. L. O Caminho para uma espiritualidade inter-religiosa. In: *CREatividade*, n. 1, 2021. p. 49-56. (https://www.maxwell.vrac.puc-rio.br/52480/52480.PDF)

PEREIRA, G. L. Luzes da espiritualidade teresiana para o diálogo ecumênico e inter-religioso atual. In: PÁDUA-PEDROSA, L; CAMPOS, M.B. (Orgs.). *Santa Teresa:* mística para o nosso tempo. Rio de Janeiro: PUC-Rio; Reflexão, 2011, p. 203-225.

RIBEIRO, C. O. *Pluralismo e libertação*. São Paulo: Paulinas, 2014.

SEIXAS, L.M.P. Maria e Iemanjá: duas faces-um arquétipo. In: *Revista Último Andar*, n. 31, 2018. p. 112-125.

STROHL, H. *O Pensamento da Reforma*. São Paulo: ASTE, 2004.

TEIXEIRA, F. O desafio da mística comparada. In: TEIXEIRA, F. (Org.). *No limiar do mistério:* mística e religião. São Paulo: Paulinas, 2004. p. 13-34.

TEIXEIRA, F. O pluralismo religioso como novo paradigma para as religiões. In: Teologia do pluralismo religioso: o paradigma emergente. *Concilium*/319. Petrópolis: Vozes, 2007. p. 27-38.

TILLICH, P. *Dinâmica da fé*. São Leopoldo: Sinodal, 2002.

VELASCO, J. M. *El fenómeno místico*. 2ª ed. Madrid: Trotta, 2003.

WALKER, W. *História da Igreja Cristã*, vol. 2. São Paulo: ASTE, 1967.

WESLEY, J. The Letters of the Rev. John Wesley, vol. 3. London: Epworth Press, 1960. p. 7-14.

Este livro foi composto com as famílias tipográficas Segoe UI e Garamond
e impresso em papel Offset 63g/m² pela **Gráfica Santuário**.